W0328740

Facebook-Marketing für Anfänger

Wie Sie mit gezieltem Facebook Marketing Ihre Reichweite erhöhen, neue Kunden gewinnen und Ihre Marke etablieren.

Tobias Kleine

Inhaltsverzeichnis

Einleitung

Jeder kennt Facebook. Jeder hat eine Meinung über Facebook. Fast jeder hat eine Facebook-Seite. Mittlerweile sogar viele Firmen. Manch einer übersieht dabei die fantastischen Möglichkeiten, auf Facebook 2 Billionen Menschen zu erreichen.

Manche denken der Facebook-Hype sei vorbei oder Facebook befände sich gar auf dem absteigenden Ast. Die Statistiken sprechen jedoch nach wie vor von solidem Wachstum der Mitgliederzahlen. Instagram und Twitter haben sicherlich andere Vorteile, jedoch kennt Facebook seine Mitglieder besser als jeder Zweite.

9 Bio. US Dollar wurden in Facebook alleine im 2. Quartal 2017 für Werbung investiert.

Jeder Werbende auf Facebook wird in der Lage sein, seine Nische ganz genau zu erreichen.

Facebook unterstützt dabei mit seiner umfangreichen Werbeanleitung.

In den vergangenen Jahren haben Werbetreibende meist zielgruppenspezifische Segmente auf den jeweiligen Kanälen wie Fernsehen, den speziellen Printmedien oder auch auf Webseiten beworben.

Diesem Spiel hat sich jedoch eine gänzlich neue Komponente geboten, seit Facebook im letzten Jahrzehnt die vollständigste Datenbank von demografischen und sonstigen Daten aufgebaut hat, die je existierte. Alle anderen Optionen verblassen neben dem Potenzial, welches Facebook nun bietet.

Egal, ob es der erste Onlineshop ist oder ein etabliertes Unternehmen - es lohnt sich auf jeden Fall abzuwägen, ob und inwiefern Facebook-Werbung für die eigenen Zwecke infrage kommt.

Zunächst werden in der vorliegenden Anleitung für die ganz frischen Neulinge die generellen Basics besprochen, und wie auf natürliche, kostenfreie Weise, Reichweite und eine gewisse Beteiligung erzielt werden kann. Eine Menge Erfahrung von Experten zeigt auf, was schief laufen kann und wo das meiste Erfolgspotenzial versteckt ist.

Im Weiteren wird darauf eingegangen, wie Werbung auf Facebook konkret gestaltet sein kann. Beispiele und Anleitungen dazu, wie ganz natürlich auf Facebook geworben werden kann, ohne jeglichen Geldeinsatz gegenüber der bezahlten Werbung. Und außerdem eine Anleitung dazu, wie man entsprechend analysiert und notwendigenfalls gegensteuert.

Keinesfalls zu vernachlässigen sind Grundsätze zum Aufbau und der Vergrößerung der Freundschaftsanzahl und deren aktive Beteiligung. Sie sind ein solider Unterbau beziehungsweise die passende Ergänzung für bezahlte Werbung auf Facebook.

Zusammenfassend kann gesagt werden, dass Werbung auf Facebook in vielen Fällen sehr sinnvoll ist und viele Personen erreicht, die genau zielgruppenspezifisch ausgewählt werden können.

Diejenigen, die nicht besonders beziehungsweise gar nicht, oder nur aus privaten Gründen, aktiv in Facebook sind und bis dato entsprechende Werbemaßnahmen dort gescheut haben, werden erstaunt sein, wie einfach und effektiv man hier zum Erfolg gelangt. Insbesondere die kleinen und mittelständischen Unternehmen können hier eine Menge von dem brachliegenden Potenzial abschöpfen.

Die Fachbegriffe beziehungsweise technische Begriffe (Pixel, Conversion, etc.) werden im angehängten Glossar anschaulich erklärt.

Wie kann man auf Facebook werben

Auf Facebook gibt es zahlreiche Möglichkeiten die Zielgruppen der Wahl zu erreichen. Nicht nur anhand ihres Aufenthaltsortes (also Land, Stadt oder Postleitzahl), sondern auch anhand des Geschlechts und Alters.

Das ist so weit nicht anders als bei anderen Werbeplattformen. Hier kommt das Besondere an Facebook: Interessen, bestimmte Verhaltensweisen, besondere Lebensereignisse und viele andere Beschreibungen helfen dabei zum rechten Zeitpunkt, an die richtige Person zu geraten.

Zusätzlich kann man so ziemlich jeden denkbaren Inhalt, der für die eigene Unternehmung förderlich ist, vermarkten: reinen Text, Bilder und Alben, Videos, Events und natürlich eine eigene Webseite.

Wenn man diese enormen Möglichkeiten zur Erreichung der Zielgruppe in Betracht zieht, plus die extreme Mitgliederdatenbank und eine Reihe von Werbemöglichkeiten, auf die wir nun genauer eingehen, wird schnell klar, warum Facebook ein mächtiges Werkzeug, nicht nur für

Onlineunternehmer ist.

Welche Wege zur Vermarktung gibt es auf Facebook

Facebook hat drei Werkzeuge, die man generell zur Vermarktung einsetzen kann: Unternehmensseiten, bezahlte Werbung, Gruppen. Jede dieser Optionen hat seine eigene Daseinsberechtigung. Alle drei Möglichkeiten können miteinander kombiniert werden. Mehr dazu im weiteren Verlauf.

Facebook-Seiten für Unternehmen

Diese Seiten sind sehr ähnlich gegenüber den üblichen Profilseiten aber insbesondere für Unternehmen und Organisationen geeignet. Benutzer können eine Seite "liken", was bedeutet, dass automatisch neue Updates von dieser Seite in ihrem News-Feed erscheinen.

Ebenso kann man auch liken ohne, einer Seite zu folgen.

Ein signifikanter Unterschied besteht zu üblichen Profilseiten. Facebook-Seiten können von jedem per "Gefällt-mir-Klick" beglückt werden, wohingegen bei Profilseiten der Ersteller der Seite explizit zustimmen muss. Profile sind begrenzt, was das Limit von maximalen Freunden angeht (5.000 Stück), wobei es keine Begrenzung für Facebook-Seiten gibt.

Facebook-Seiten sind also eine großartige Basis, von der aus man operieren kann.

Fazit: Leicht und schnell zu erstellen, jedoch nicht unbedingt einfach zum Erfolg zu führen.

Werbeanzeigen (Ads)

Facebook bietet eine unglaublich zielgerichtete Werbeplattform. Man kann zielgruppengerecht auf spezifische örtliche Bereiche, Altersgruppen, nach Bildungsgrad oder gar nach dem Typ von Gerät suchen, mit dem der Empfänger Facebook betrachtet.

Werbung kann auch per "like" markiert oder im Umkehrschluss geschlossen werden.

Zusammenfassend lassen sich die positiven Möglichkeiten zum zielgruppengerechten Ausrichten (Targeting) hervorheben, wobei die anfallenden Kosten dem als begrenzendes Element gegenüber stehen.

Gruppen

Facebook-Gruppen sind so ähnlich wie Diskussionsforen, jedoch mit zusätzlichen Möglichkeiten ausgestattet. So kann man unter anderem eine Gruppe in der jeweiligen Branche in der man sich bewegt initiieren, und dort potenzielle Kunden kontaktieren.

Gruppen sind kostenfrei und bieten ein hohes Level an Beteiligung, was natürlich ein hohes Maß an zeitlichem Aufwand bedeutet.

Warum auf Facebook werben

Global wurde diese Frage eingangs schon beantwortet. Hier wird es etwas konkreter.

Ein sehr wichtiger Punkt bei der Erstellung von Werbung, unabhängig davon, welches Medium man nutzt, ist, dass der Inhalt ansprechend, anziehend, verlockend und zu einer Aktion anregen sollte. Entweder muss also das Produkt oder der Service, nennen wir es das „Objekt der Begierde", sehr attraktiv sein, oder die Art und Weise, wie es beworben wird, regt Gefühle an und schafft Emotionen, die bestehende Wünsche des Betrachters treffen oder neue wecken.

Um es auf den Punkt zu bringen: Wenn man sich einfach mehr Besucher für die Facebook-Seite per Werbung erkaufen möchte, spielt das keine Rolle. Möchte man jedoch substanzielle Ergebnisse erzielen, indem man E-Books oder etwas über den Onlineshop verkauft - Seminare oder vielleicht lediglich E-Mail-Adressen für einen Newsletter einsammelt - dann kommt es auf mehr an.

Wenn man sich die grundlegenden Punkte zu Herzen nimmt, stehen die Chancen dazu jedoch schon mal nicht schlecht.

Facebooks Werbesystem mag an der einen oder anderen Stelle kompliziert anmuten, aber generell bekommt man eine Menge Hilfe an die Hand. Zum Beispiel bei der Vergabe von Werbeplatz.

Denn Facebooks Ziel ist es auf die effektivste Weise den begrenzten Platz für Werbung entsprechend zuzuweisen. Das erreicht Facebook, indem Tausende von Miniauktionen, in jeder einzelnen Sekunde ablaufen, bei denen Werbetreibende gegeneinander um Werbeplatz konkurrieren.

Sofern man eine solche Miniauktion gewinnt, wird man für seine Werbung entsprechend zahlen müssen und die Werbung wird der Zielgruppe, welche man ausgewählt hat, präsentiert.

Die angesprochenen Kosten variieren dabei recht stark. Es kommt auf verschiedenste Faktoren an, wie zum Beispiel das Land aus welchem die Werbung betrieben wird, die Zielgruppe, wo die Werbung platziert wird und sogar wie gut die Werbung ist.

So wird es beispielsweise um Einiges teurer sein, Werbung in einem der technologisch fortgeschritteneren Länder zu schalten oder entsprechend Personen in diesem Land zu erreichen, als in einem weniger kaufkräftigen Land.

Speziell in den westlichen Ländern, zum Beispiel in Deutschland, kann je nach Zielgruppe der Preis um ein Vielfaches höher sein. Der einzige Weg hierauf aussagekräftige Antworten zu erhalten, ist der Praxistest für das eigene Szenario.

Hier kommt ein springender Punkt für Werbung in Facebook: testen, testen, testen

Es führt kein Weg daran vorbei, viel auszuprobieren und entsprechende Anpassungen an Kampagnen vorzunehmen, um diese zu optimieren.

Vorbereitung

Als erster Schritt vor der Erstellung von jeglicher Form von Werbung muss ein entsprechender Account angelegt werden.

Wenn noch keine Werbekampagnen in Facebook platziert wurden, muss man zunächst im

“Facebook-Ads-Manager”, dem Werbeanzeigenmanager, einen Account einrichten.

Einstellungen

Im Werbeanzeigenmanager muss man den Account auswählen und dann auf die Einstellungen (in der oberen Leiste) klicken. Dort muss der Name des Unternehmens sowie des Accounts ausgefüllt werden. Ebenso die Adresse und sogar die Umsatzsteuer-ID (VAT-ID).

Für den Fall, dass noch andere Personen bei den Werbekampagnen in Facebook beteiligt sein sollen, kann man am unteren Ende die Option wählen, dass noch eine weitere Person zugefügt werden soll. Für Selbige können unterschiedliche Rechte ausgewählt werden und eine Anmeldung per Name oder E-Mail-Adresse vorgenommen werden.

Auf diese Weise können weitere Personen in ihrem eigenen Profil arbeiten.

Zunächst ein paar Basisinformationen über die Vorbereitung zur eigentlichen Erstellung der Werbung.

Zu allererst fügt man eine neue Zahlungsmethode hinzu und wählt aus, ob man per PayPal oder Kreditkarte (beziehungsweise Onlineüberweisung oder einem Facebook-Coupon) bezahlen möchte. Nach der Eingabe der Details für die jeweilige Zahlungsmethode geht es an die Zielgruppenrecherche.

Zielgruppenrecherche

Die richtige Zielgruppe zu finden ist nicht nur im klassischen Marketing ein absolut kritischer Teil der gesamten Werbekampagne. Wenn man eine nicht relevante Zielgruppe auswählt, wird man Zeit und Geld verschwenden, und die falschen Personen erreichen.

Geht es also darum in Facebook die richtigen Anwender für eine Kampagne zu finden, sollte sehr spezifisch ausgewählt werden.

Zum Beispiel sollten keine generellen Suchworte wie “Essen”, “Sport”, „Natur“ oder Ähnliche genutzt werden. Es sollen die

Personen gefunden werden, die genau den Sport ausüben, der mit dem beworbenen Artikel zusammenhängt, genau das gerne essen, was beworben wird.

Warum also nicht direkt konkret nach denjenigen suchen, auf die das zutrifft?

Mit etwas Kreativität kann man zum Beispiel bekannte Persönlichkeiten finden, die genau für das beworbene Produkt bekannt sind, oder Marken, die in der Zielgruppe beliebt sind. Auch andere Facebook-Seiten oder Webseiten generell, Bücher oder Zeitschriften können hilfreich sein, den Rahmen einzugrenzen.

Audience-Insights gibt Aufschluss über die Zielgruppe

Man kann in Facebook mehr über die Zielgruppe erfahren, wenn man die aufschlussreichen "Audience-Insights" betrachtet.

Hier sieht man tatsächlich, welchen anderen Events, Artikeln, Zeitschriften, Webseiten, Firmen, sowie weiteren Kategorien die Anwender ein "Like" erteilen. Man kann also zum Beispiel anstelle von "Jagen" schon konkreter werden und nach "Sportbogenschießen» suchen, oder nach relevanten Marken wie «Cabela» und beliebten Events in der Branche.

Nachdem man nun die potentiellen Interessenten recherchiert und ausgewählt hat, kann man sein Produkt in einer Kampagne platzieren.

Ziele festlegen

Es mag überflüssig klingen dies hier zu erwähnen, ist es aber aufgrund seiner Kernfunktion für die Werbung nicht. Wenn eines der nachstehenden Ziele auf der Agenda des Werbetreibenden steht, ist er bei Facebook goldrichtig:

- **App Installationen**: Installationen von einer mobilen oder Desktop-App können hier wunderbar angeregt werden.

- **Markenbekanntheit**: Eine Marke, einer neuen Zielgruppe vorstellen (oder eine neue Marke einführen).
- **Conversions (Abschlüsse)**: Personen dazu bringen, dass eine konkrete Aktion auf der Webseite ausgeführt wird. Das kann ein Einschreiben für einen Newsletter oder Blog-Feed sein oder, dass jemand etwas herunterlädt, oder kauft).
- **Engagement (Beteiligung)**: Einen Beitrag einer weiten Zielgruppe zugänglich machen, um - wie man in der Facebook-Sprache sagt: Likes ("gefällt mir"), Comments (Kommentare), Shares (teilen) oder Views (Klicks) zu erhalten.
- **Leads kreieren**: Mögliche Neukunden akquirieren.
- **Reichweite**: Die Werbung zu so vielen Personen wie möglich versenden.
- **Produktkatalog Verkauf**: Das bestehende Produktportfolio mit den Facebook-Anzeigen verknüpfen, um Personen die Produkte zu zeigen, die sie höchstwahrscheinlich kaufen könnten.
- **Geschäftsbesuche**: Kunden auf physische, lokale Geschäfte aufmerksam machen und diese als Besucher gewinnen.
- **Traffic**: Webseitenbesuche auf eine bestimmte Seite lenken.
- **Videoklicks**: Ein Video einer großen Anzahl an Personen zugänglich machen, um zum Beispiel die Markenbekanntheit zu erhöhen.

Eine Werbekampagne erstellen

Es gibt drei generelle Wege eine Werbekampagne in Facebook zu erstellen:

- Man kann einen Boost-Post direkt auf Facebook-Seiten erstellen
- Einen Werbebanner im «Ads create tool» a.k.a. Werbeanzeigenmanager erstellen
- Außerdem gibt es die Möglichkeit das Power-Editor-Tool zu nutzen

"Boost-Post"

Der schnellste und einfachste Weg Inhalte zu vermarkten ist einen „Boost-Post" zu verwenden.

Leider auch der Ineffektivste.

Falls man sich dafür entscheidet, „Boost" zu verwenden, dann sollte man zumindest einen Tag lang warten, nachdem man gepostet hat. Die Erfahrung zeigt, dass dies zu deutlich besserer Leistung führt.

"Power-Editor"

Der „Power-Editor" hingegen ist etwas komplizierter, insbesondere für Anfänger. Obwohl selbiger all die Kampagneneinstellungen bietet, die man sich wünschen kann, ist er nicht sonderlich intuitiv.

"Ads-Create-Tool"

Im Detail wird die meist als sinnvollste Variante der Werbeanzeigenmanager vorgestellt, weil es hier einerseits viele Einstellungsmöglichkeiten gibt, aber selbiger andererseits deutlich einfacher in der Handhabung ist.

Bevor wir auf die Durchführung an und für sich eingehen, hier zunächst einmal eine kurze Übersicht dazu, was für verschiedene Kampagnen man auswählen kann:

- Foto
- Video
- Slideshow
- Karussell
- Kollektionen
- Canvas
- Leads

Zum besseren Verständnis eine kurze Übersicht über die verschiedenen Werbetypen

Facebook-Werbeanzeige: Foto

- **Anzeigenspezifikation**: Ein Bild plus Text. Bis zu sechs Anzeigen können mit einem Bild erstellt werden, ohne das Extrakosten anfallen
- **Kampagnenart**: Alle, außer Videoansicht
- **Bildgröße**: 1200 x 628 Pixel
- **Textbeschränkungen**: 90 Zeichen
- Überschrift: 25 Zeichen

Facebook möchte keine News-Feeds mit überwiegendem Text, deswegen gibt es eine Begrenzung im Text, der über den Bildern aufgebracht wird. Es handelt sich um eine 20 % Obergrenze, in Bezug auf die Bildgröße. Mit einem Wahnsinnserfolg von 14.000% mehr Besuchern und einem Preis für herausragende Werbung hat der Dallas Bookstore «The Wild Dedectives», eine Fotoanzeige genutzt und Besucher mit simplen Aussagen, die zu einem interessanten Foto passen, dazu gebracht, klassische Literatur zu lesen.

Facebook-Werbeanzeige: Video

- **Anzeigenspezifikation**: in Video plus Text
- **Kampagnenart**: Alle
- **Bildgröße (Vorschau)**: Minimum 600 Pixel in der Breite
- **Textbeschränkungen**: 90 Zeichen
- Überschrift: 25 Zeichen
- **Anzeigenformat**: Videoauflösung von 16:9 (Landschaft) oder 1:1 (quadratisch). Andere Auflösungen sind für spezifische Kampagnenarten verfügbar. Videoauflösung von 16:9 (Landschaft) oder 1:1 (quadratisch).

Facebook-Werbeanzeige: Slideshow

- **Maximale Videolänge**: Bis zu maximal 120 Minuten Slideshow, die sich in einer Schleife wiederholen
- **Anzeigenspezifikation**: Ein Video automatisch von bis zu 10 Bildern erstellen
- **Kampagnenart**: Alle Arten möglich, außer Produktkatalog Verkauf

- **Bildgröße**: 1280 x 720 Pixel
- **Textbeschränkungen**: 90 Zeichen

Slideshows ergeben deutlich mehr Return-on-Invest und eine erhöhte Klickrate gegenüber klassischer Fotowerbung.

Facebook-Werbeanzeige: Karussellformat

- **Anzeigenspezifikation**: Zwei scrollbare Fotos plus Text (optional bis zu zehn Fotos)
- **Kampagnenart**: Alle Arten möglich, außer Produktkatalog Verkäufe
- **Bildgröße**: 600 x 600 Pixel
- **Textbeschränkungen**: 90 Zeichen
- Überschrift: 40 Zeichen (für Bilder) oder 25 Zeichen (für Video)
- **Maximale Videolänge**: Zwei Minuten

Man kann wunderbar Produkte bewerben, welche man schon auf der Homepage anbietet und die die Besucher bereits gesehen hatten. Wenn man dies per Pixel mitbekommt, kann man über das „Karussell-Werbeformat" ermöglichen, dass die bereits online wahrgenommenen Produkte auf Facebook wieder beworben werden. Erfahrung von gut geführten Kampagnen haben Werte von drei- bis vierfachem Ertrag gegenüber den Werbekosten eingefahren.

Facebook-Werbeanzeige: Kollektionen

- **Anzeigenspezifikation**: Ein Mobilgeräte freundliches Werbeformat, welches ein Portfolio von verschiedenen Produkten oder Angeboten darstellt.

- **Kampagnenart**: Zielt auf Conversions und Traffic ab
- **Bildgröße**: 1200 x 628 Pixel
- **Anzeigenformat**: Videoauflösung von 16:9 (Landschaft) oder 1:1 (quadratisch)
- Überschrift: maximal 25 Zeichen
- **Maximale Videolänge**: 120 Minuten

Facebook-Werbeanzeige: Leads

- **Anzeigenspezifikation**: Ein vorausgefülltes Formular, das es einfach ermöglicht Kontakt aufzunehmen, beziehungsweise ein Angebot erstellt zu bekommen.
- **Kampagnenart**: Zielt auf Gewinnung von Leads zwecks Gewinnung von Neukunden ab
- **Bildgröße**: 1200 x 628 Pixel
- Überschrift: maximal 45 Zeichen
- **Maximale Zeichen für Button:** maximal 25 Zeichen

Ein sehr gutes Beispiel für die Gewinnung von Leads war eine Kampagne, die Maserati gefahren hat. 21.000 Leads waren die Folge. Davon kauften 127 Personen Fahrzeuge vom Automobilhersteller.

Kampagnenziele auswählen

Zu Beginn geht man auf die Seite zur Erstellung von Werbung, indem man auf den kleinen Pfeil in der oberen rechten Ecke, im Bereich des Facebook-Profils klickt, und “Werbung erstellen” anwählt.

Man bekommt auf einen Blick diverse Optionen für das anzuwählende Kampagnenziel angeboten.

Kampagnen auf einen Blick

Insgesamt sind 15 Varianten verfügbar, wobei einige nur über den "Power-Editor" verfügbar sind. Bevor wir im Detail auf einige der relevantesten, unterschiedlichen Varianten anhand von Beispielen eingehen, sei noch erwähnt, dass es generell drei verschiedene Arten von Zielen gibt, die sich in dazugehörige Gruppen fassen lassen:

- **Bekanntheit**: Es handelt sich um Ziele, die Interesse an den Produkten oder dem jeweiligen Service erzeugen sollen.
- **Erwägung**: Dies sind Ziele, welche Betrachter dazu anregen sollen, über das Unternehmen nachzudenken und mehr Informationen über das selbige zu suchen.
- **Conversions**: Conversions sind Ziele, die am Unternehmen interessierte Betrachter dazu anregen, die Produkte oder Services zu kaufen.

Wenn man beispielsweise mehr Besucher auf einer Webseite oder für einen Webshop gewinnen möchte, so empfiehlt sich 3. "Klicks auf die Website" und 4. "Webseiten-Conversions".

Auszug aus den verschiedenen Kampagnenoptionen:

Interaktion mit Seitenbeiträgen

1. "Gefällt-Angaben" für eine Seite
2. Klicks auf die Website
3. Webseiten-Conversions
4. App-Installation
5. Interaktionen mit der App
6. Antworten auf eine Veranstaltung

7. In Anspruch genommene Angebote
8. Videoanrufe

Konkret bedeutet dies für das erste Ziel, “Bekanntheit”, das man möglichst viel Reichweite generieren möchte. In anderen Worten ausgedrückt kann man versuchen, in der jeweiligen Zielgruppe zu steuern, wie oft sie die Werbeanzeigen zu sehen bekommen.

Außerdem kann die Anzahl der Impressionen per Zielgruppe maximiert werden.

Explizit bedeutet dies, dass:

- die Reichweite über die gesamte Länge der Kampagne ausgedehnt wird
- über die Kontrolle der Frequenz, per Mindestanzahl an Tagen, bevor die Werbung aufs Neue angezeigt wird.
- der Standort mit einbezogen werden kann: Sogenanntes Standort-Targeting spricht Personen in einem bestimmten lokalen Umkreis an.

Eine detaillierte, beispielhafte Schritt für Schritt Anleitung zur Erstellung einer Reichweiten-Werbeanzeige (zum Mitklicken geeignet).

Mit dem Ziel „Reichweite“ kann man die maximale Anzahl an Personen in der Zielgruppe erreichen, und steuern, wie oft die Werbeanzeigen gesehen werden.

Das „Reichweite-Ziel“ von Facebook ist darauf ausgelegt, dass Werbeanzeigen der maximalen Anzahl von Personen in der definierten Zielgruppe gezeigt werden.

Außerdem kann man die Anzahl der Impressionen maximieren, die Personen angezeigt werden.

1. Im Bereich "Erstellung einer Werbeanzeige" wählt man das Ziel "Reichweite".
2. Man benennt die Kampagne und klickt "weiter"
3. Wenn man nun zum Beispiel physische Geschäftsbesuche (wie bereits weiter oben kurz dargestellt), von lokalen Besuchern bewirken möchte, verwendet man die Einstellung "Zielgruppe".

   In der Liste "Jeder an diesem Ort" können nun Personen eingebunden werden, die sich in der Nähe der Lokalität befindet.

   Danach gibt man die Geschäftsadresse unter "Einbinden" ein und wählt per Schieberegler den Umkreis aus, innerhalb dessen mögliche Besucher zum Standort geworben werden sollen.

   Dabei ist besonders nützlich, die Einstellung "Mehrere Standorte hinzufügen" auszuwählen, sofern man mehrere Filialen oder unterschiedliche Arten von Geschäften betreibt.
4. Im nächsten Schritt wählt man das „Targeting" aus, den Zeitplan und die Platzierung.

   Per Standard wird die Auslieferung der Werbung in Facebook (und auch Instagram), so optimiert.
5. Nun sind unter «Budget und Zeitplan» die Auswahl «Erweiterte Optionen anzeigen» zu wählen, um dann die «Optimierung für die Auslieferung von Werbeanzeigen» einzustellen.

   - Bei der empfohlenen Optimierung, die auf Reichweite ausgelegt ist, wird die Werbeanzeige dem maximalen Personenkreis angezeigt.

- Optimierte Werbeanzeigen für Impressionen werden so oft wie möglich gezeigt.

Einzelne Personen können dabei die gleiche Anzeige mehrmals gezeigt bekommen.

6. Man muss den Frequenzwert einrichten, mit dem man festlegt, wie oft die Werbeanzeige ein und derselben Person innerhalb einer bestimmten Zeit angezeigt wird.
7. Man kann nun aussuchen, ob man händisch, das heißt manuell, auf den Preis pro tausend Impressionen bieten möchte, oder ob man die Option zum automatischen Bieten wählt.
8. Die Werbeanzeigen werden während der Laufzeit einer Kampagne automatisch durchgängig geschaltet. Sofern in «Budget und Zeitplan» die Auswahl «Laufzeitbudget», anstatt «Tagesbudget» gewählt wurde, kann man «Werbeanzeigen nach Zeitplan schalten».
9. Auf «Weiter» klicken.
10. Das Ziel «Reichweite“ bietet Unterstützung für Image-Ads, Video-Ads, Carousel-Ads, Slideshow-Ads und Canvas-Ads. Ebenso wird Unterstützung für Platzierungen in Facebook-Feeds, Instagram-Feeds, sowieso Instagram-Stories geboten.
11. Bilder, Text und Links können hinzugefügt werden.

    Es kann ein CTA (Call-to-Action / Handlungsaufforderung) hinzugefügt werden.

Beispiele für Call-to-Action Titel sind unter anderem:

„Jetzt bewerben“, „Jetzt einkaufen“, „Registrieren“, „Mehr ansehen“, „Route planen“, „Jetzt anrufen“ und „Jetzt eine Nachricht senden“, „Jetzt buchen“, „Kontaktiere uns“, „Herunterladen“, „Mehr dazu“,

„Speichern“, „Jetzt verkaufen“, „Jetzt einkaufen“, „Registrieren“, „Mehr ansehen“, „Route planen“, „Jetzt anrufen“ und „Jetzt eine Nachricht senden“.

12. Auf “Bestellung aufgeben” klicken, sobald man die Kampagne kostenpflichtig aktivieren möchte.

Ziele festlegen – Schritt für Schritt

Wenn man nun zum Ziel hat, mit der Kampagne einen überwiegenden Anteil seiner Zielgruppe mit Werbeanzeigen zu erreichen, damit der Umsatz gesteigert wird, gilt das Folgende:

Für dieses Szenario kann das Ziel "Reichweite" gewählt werden, um die Werbung an einen erweiterten Kreis der Zielgruppe zu liefern.

Ist die Zielgruppe recht überschaubar und man möchte sicherstellen, dass jeder von dieser Zielgruppe die Anzeige auch gesehen hat, kann die Häufigkeit der Anzeigen wiederholt werden.

Mit dem „Reichweite"- Ziel kann man also:

- die Reichweite über die gesamte Länge einer Kampagne maximieren
- die Mindestanzahl an Tagen (Frequenzkontrolle) festlegen, bevor einer Person die Werbeanzeige erneut angezeigt wird
- Standort-Targeting verwenden: beispielsweise um Personen in einem bestimmten Umkreis eines Unternehmensstandortes anzusprechen

Buchungsart „Reichweite und Frequenz" mit Ziel „Reichweite" kombinieren.

Eine weitere Spielart des beliebten „Reichweite"-Ziels ist Folgende:

Bei Auswahl des Ziels „Reichweite" unter „Reichweite und Frequenz" erzielt man die optimale Reichweite, wenn man „Reichweite und Frequenz" gebucht hat.

Wann sollte man „Reichweite und Frequenz“ mit dem Ziel „Reichweite“ zusammen verwenden?

„Reichweite und Frequenz“ ist die ideale Buchungsart für Werbende, die eine vorhersehbare Reichweite und Frequenz zu schätzen wissen. Wenn die vorhersehbare Maximierung der Reichweite besonderen Stellenwert hat, verwendet man die Buchungsart „Reichweite und Frequenz“ in Kombination mit dem Ziel „Reichweite“.

Wenn man wissen möchte, wie viele Personen die Werbung beachtet haben, empfiehlt sich das Ziel „Markenbekanntheit“.

Wenn man die Anzahl von Videoaufrufen möglichst hoch haben möchte, empfiehlt sich das Ziel „Videoaufrufe“.

Das Facebook- „Reichweite“-Ziel ist darauf ausgelegt, die Anzeigen der Werbung, für so viele Personen wie möglich zugänglich zu machen. Die Reichweite ist die wichtigste Kennzahl für das „Reichweite“- Ziel. Das heißt also, die Anzahl der Personen, die die Werbeanzeige mindestens einmal erreicht hat.

Wenn man die Kennzahlen „Reichweite“ und „Frequenz“ kombiniert anwendet, kann man erkennen, wie viele Personen die Werbeanzeigen wie häufig gesehen haben. Verwendet man die Kennzahl „Kosten pro 1.000 erreichten Personen“, kann man ablesen, wie viel es kostet, Personen die Werbeanzeige zu zeigen.

Bezahlung und Tracking

Facebook erledigt eine gute Portion der passenden Konfiguration automatisch, sobald man die Kampagnenkategorie auswählt. Entsprechend der Auswahl wird das System generell versuchen, die geringsten Kosten, zum Erhalt der besten Ergebnisse, zu generieren.

Wirbt man beispielsweise für einen Onlineshop per Facebook-Werbung, so wird man entweder auswählen, dass die Besucher auf die eigene Webseite weitergeleitet werden sollen oder jedoch, dass die Abschlussrate erhöht werden soll.

Das sind die beiden Dinge, auf die Facebook dann fokussiert ist:

- Webseitenklicks
- Webseitenverkäufe (Conversions)

Um Letzteres zu nutzen, muss in Shopify (oder ähnlichem Shop-Manager) eine Nachverfolgung (Tracking) eingerichtet sein.

Diesem Beispiel folgend betrachten wir im Weiteren, wie man Personen auf die eigene Webseite weiterleitet.

Nun kommt ein kritischer Teil der Kampagne. Damit die Facebook-Werbung effektiv wirkt, muss die Zielgruppe definiert sein, sowie auch das Budget und die zeitliche Planung fixiert werden.

Zielgruppe definieren

Noch mal: Die richtige Zielgruppe zu finden ist sehr wichtig um eine erfolgreiche Kampagne durchzuführen. Auszuwählen ist im Weiteren noch Folgendes:

Ort, Alter, Geschlecht und Sprache der Zielgruppe.

Eine oder mehrere der Interessen, die bereits erfolgreich recherchiert wurden, können nun in die Details eingefügt werden.

Man kann auch eine Kombination von verschiedenen Interessen zusammenfassen, indem man zum Beispiel drei Werte als obligatorisch voraussetzt und außerdem ein anderer Wert zwingend abgefragt wird. Also zum Beispiel: “Sportbogen, Pfeile, Zielscheibe” UND “Cabela”

Dadurch stellt man sicher, dass man die relevanteste Zielgruppe erreicht und das Feedback entsprechend höher ist.

Qualitativ besseres Feedback auf die Werbung wird zu günstigeren Klicks führen und dementsprechend zu besseren Verkäufen.

Dies ist einer der vorteilhaftesten Aspekte von Werbung in Facebook.

Budget und Zeitrahmen definieren

Wenn einmal eine geeignete Zielgruppe gefunden wurde, wählt man ein Budget, das täglich oder langfristig eingerichtet ist. Dann kann man zwischen einem konkreten Start- und Enddatum auswählen.

Budget

In den erweiterten Budgeteinstellungen kann man außerdem die "Bidding and Optimization" (bieten und optimieren) Voreinstellungen auswählen.

Es ist normalerweise angeraten "automatisch bieten" auszuwählen.

Um schnell vermeintliche Gewinne einzufahren, verpassen viele Werbetreibende die großartigen Chancen, die eine Langzeitplanung mit sich bringt.

Zur Erklärung: Angenommen man verkauft ein Produkt für 5 Euro und es kostet 8 Euro, selbiges zu bewerben. Auf den ersten Blick scheint es nur zu klar zu sein, dass dies ein Minusgeschäft ist.

Naja, wie so oft kommt es auf die Umstände an, in deren Kontext man die Situation erst ganzheitlich bewerten kann. Findet man nun heraus, dass man einen Langzeitkunden gewonnen hat, der auf Dauer 100 Euro umsetzt, scheint der gesamte Deal ein voller Erfolg.

Es ist also durchaus vertretbar, bewusst zu Beginn ein kleines Minus zu verschmerzen, da auf Dauer deutlich mehr eingenommen wird.

Oftmals geben neue Werbetreibende in Facebook zu schnell auf, da sie den Wert von langfristigen Kundenbeziehungen nicht mit einbeziehen.

Was ist nun so nützlich an dieser Information? Eine Kampagne sollte dementsprechend schon von vorneherein inklusive der langfristigen Effekte geplant werden.

Einer der Hauptgründe, warum man beim Werben auf Facebook scheitern kann, ist die fehlende langfristige Betrachtung. Es wird lediglich auf den schnellen Gewinn geachtet, wobei die gesamten Vorteile meist erst bei ganzheitlicher Betrachtung zum Vorschein treten.

Werbung gestalten

Man kann bis zu sechs Bilder auswählen, wenn man einen Wechsel von bis zu sechs verschiedenen Variationen in seiner Kampagne auflisten möchte.

Indem man einige Werbebanner erstellt, kann man recht schnell erkennen, welche Bilder am besten geeignet sind. Man kann dementsprechend auswählen und die empfohlene Bildgröße von 1.200 zu 628 Pixeln auswählen. Die Dateiendung, in welcher das Bild letzten Endes abgespeichert wird,

ist bestenfalls das .png Format. Nun kann mit dem eigentlichen Text begonnen werden.

Inhalte für Werbung auswählen

Als ersten Schritt gilt es die Facebook-Seite auszuwählen, von der aus die Werbung geschaltet wird. Man kann auch auswählen, dass die Werbung dort nicht angezeigt werden soll, das wird jedoch unterbinden, dass die Werbung im "News-Feed" angezeigt wird. Wenn man seine Werbung übrigens auch auf Instagram schalten möchte, kann man seinen Instagram Account entsprechend verbinden.

Im ersten Schritt gilt es eine Überschrift und den Text für die Werbung auszuwählen, und optional einen Button mit einer Handlungsaufforderung (die sogenannte "Call-to-Action") zu wählen.

Text wird über dem Bild erscheinen und die Überschrift direkt unter dem Bild.

Für die Überschrift steht ein Maximum von 25 Symbolen zur Verfügung, wobei der Text bis zu 90 Buchstaben, beziehungsweise Zeichen enthalten darf.

Call-to-Action aussuchen

Facebook bietet an, Anzeigen mit einem „Call-to-Action“ zu versehen. Diese „Call-to-Action“-Buttons können durchaus einen nicht unerheblichen Einfluss auf die Klickrate ausüben. Testen sollte man daher unbedingt Anzeigen mit verschiedenen Arten dieses „Klickbuttons“. Die Buttons befinden sich im Anzeigen-Setup-Menü, wobei, wie bereits erwähnt, folgende generell zur Auswahl stehen:

„Jetzt bewerben“, „Jetzt einkaufen“, „Registrieren“, „Mehr ansehen“, „Route planen“, „Jetzt anrufen“ und „Jetzt eine Nachricht senden“, „Jetzt buchen“, „Kontaktiere uns“, „Herunterladen“, „Mehr dazu“, „Speichern“, „Jetzt verkaufen“, „Jetzt einkaufen“, „Registrieren“, „Mehr ansehen“, „Route planen“, „Jetzt anrufen“ und „Jetzt eine Nachricht senden“.

Mobile und Desktopanzeigen trennen

Im Allgemeinen gilt, dass verschiedene Anzeigensets für mobile Anzeigen und klassische Desktopanzeigen genutzt werden sollten. Dadurch kann man Gebote und Ziele hinsichtlich der jeweiligen Endgeräte optimal justieren. Anzeigen mit „Call-to-Action“ (Handlungsaufforderungen) funktionieren unterschiedlich gut auf den unterschiedlichen Plattformen. Daher kann auch die Performance sehr unterschiedlich und entsprechend schwankend sein.

Desktop-News-Feed- und „rechte Spalte“-Anzeigen separat nutzen

Eine der bestbewährtesten Anwendungsformen im Facebook-Marketing ist eine starke Unterteilung der Anzeigen. So hat sich das Trennen vom „Desktop-News-Feed“ und der sogenannten „rechten Spalte“ etabliert. In der „rechten Spalte“ platziert man Anzeigen, die entsprechend dafür optimiert sind.

Je nach Kampagne und Endgerät fällt also die Platzierung anders aus.

Gleiches gilt auch für die Differenzierung der sonstigen Targeting-Optionen.

Was ist Targeting

Wer kennt sie nicht, die Art von Werbebanner, die einem durch das Internet folgen, egal, auf welche Seiten man geht, nur, weil man ein Produkt in Amazon angeguckt hat.

Dabei handelt es sich um sogenannte "re-targeting"-Werbung, die wohlgemerkt mit zunehmender Zeit immer mehr an Wichtigkeit gewinnt.

Natürliche Reichweite

Die Vorteile von natürlicher Reichweite

Natürliche Reichweite ist die Nummer von Personen, die einen Post ohne Bezahlung gelesen haben. Der Vorteil von natürlicher Reichweite liegt auf der Hand. Es kann kostenfrei gepostet werden.

In Zeiten von wachsenden Fluten verschiedenster Inhalte, in den vergangenen Jahren, ist es zunehmend schwieriger geworden, eine ansehnliche natürliche Reichweite zu erreichen.

Die Fans engagieren

Um die eigenen Fans zu beschäftigen, wird es nötig sein, eine einzigartige Position zu vertreten. Es muss einen Grund für die Besucher geben, zurückzukommen, auf Posts zu klicken und Inhalte zu teilen. Man muss sich fragen: "Welchen Mehrwert biete ich meinen Fans an? Ist es etwas, das die Konkurrenz nicht bieten kann?"

Wettbewerb, Inhalte und Umfragen

Einige Anregungen um die Facebook-Fans am Geschehen zu beteiligen, sind qualitativ hochwertige Inhalte zu veröffentlichen, aufregende Wettbewerbe zu organisieren und Umfragen zu teilen, die nach den Meinungen der anderen fragen.

Zum Beispiel könnte man eine Umfrage erstellen und die Fans fragen, welchen Inhalt sie lesen möchten oder welche neuen Produkte sie gerne im Portfolio sehen möchten.

Darauf aufbauend kann man die Gemeinschaft davon informieren, wenn das gewünschte Produkt eingeführt wird oder genau das schreiben, was gefordert wurde. Es ist auch wichtig, dass man Bilder und Videoinhalte zufügt, um die Posts und den visuellen Eindruck zu verstärken und somit dafür zu sorgen, dass die eigenen Posts in der Masse der sonstigen News-Feeds hervorstechen.

Ein Gemeinschaftsgefühl aufbauen

Wenn die Fans der eigenen Seite, sich wie ein Teil einer Gemeinde fühlen, hat man einen wichtigen Schritt in die richtige Richtung getan. Es ist gleichermaßen wichtig, dass auf alle Anfragen und Beschwerden in einer zeit- und situationsgerechten Weise geantwortet wird. Das wird den Kunden beziehungsweise Betrachtern zeigen, dass man sich wirklich aufrichtig kümmert.

Dem einen oder anderen mag von der privaten Nutzung bereits aufgefallen sein, dass es ein grünes Symbol gibt, welches wie ein "schnell fliegendes Kommentarsymbol" aussieht. Dieses sogenannte "Badge", kann man sich erarbeiten. Wurden Antworten innerhalb der letzten 7 Tage immer unter 15 Minuten und mit einer Beantwortungsquote von Minimum 90 % geleistet, so wird der „Badge" bald auch bei der eigenen Seite, sozusagen als Qualitätsmerkmal, aufgeführt.

Insbesondere, sofern irgendwelche Bedenken betreffend eines Produkts, oder einer Dienstleistung bestehen, sollte man nichts unversucht lassen, diese aus dem Weg zu räumen.

Es führt kein Weg daran vorbei, natürliche Reichweite durch eine solide Basis an Likes aufzubauen. Jedes «Gefällt mir» von einem aufrichtigen Fan ist mehr wert als tausende gekaufte Likes. Warum? Die zahlreichen Optionen zum Kaufen von Likes, die man über Suchmaschinen oder auf Verkaufsplattformen angeboten bekommt, sind schlichtweg sehr kurzlebig.

Der Facebook-Algorithmus

Per Algorithmus sucht Facebook nach echter Beteiligung, um Spaminhalte auszufiltern. Gekaufte Likes kommen oftmals von gefälschten Accounts und anderen dubiosen Quellen. Ein eigens dafür vorgesehenes Facebook-Team sucht nach solch merkwürdigen Aktivitäten und hat die Befugnis einen Account gänzlich, ohne Vorwarnung, zu sperren.

Es ist wichtig sich den Kontext, in dem man sich bewegt, vor Augen zu halten.

Jede Minute werden mehrere hundert neue Profile erstellt. Hunderttausende Status upgedated. Mehr als eine halbe Million Kommentare getätigt und über hunderttausend Fotos hochgeladen. Es gibt also deutlich mehr Inhalte, als überhaupt konsumiert werden könnten.

Dieser Anstieg an verfügbarem Inhalt macht es schwieriger für Unternehmen, sich hervorzuheben. Natürliche Reichweite ist also nicht etwas Selbstverständliches und kann bei Nichtbeachtung von einigen Grundregeln, beziehungsweise fehlendem Verständnis, von Facebooks entsprechendem Algorithmus, unter 2 % liegen.

- Freunde und Familie werden bevorzugt behandelt.
- Diese erscheinen höher im eigenen Feed.
- Der Feed sollte interessenbezogen informieren.
- Dinge, die interessant für einen Betrachter sind, werden höher aufgeführt.
- Stories, die Facebook ansprechend für den Betrachter findet, werden höher aufgeführt.
- Authentische Kommunikation ist mehr wert.
- Keine Sensationsnachrichten, Spam oder irreführende Inhalte.
- Ein Platz für alle Ideen. Facebook wird trotz dem vorher Gesagten,
- keine Ideen gegenüber anderen, inhaltlich bevorzugen.

- Man kann selbst darauf einwirken, was Facebook bevorzugt zeigen wird, indem man
- “see first”, “unfollow” und “hide” auswählt.

Dieser Algorithmus wird ständig angepasst und verbessert. Wie Facebook genau die einzelnen Punkte bewertet, ist ein wenig Betriebsgeheimnis.

Auf den Algorithmus einstellen

Trotzdem ist es vollkommen ausreichend, den nachfolgenden Strategien und Optionen zum Erreichen besserer Ergebnisse zu entsprechen:

1. **Bezahlen:** Ganz einfach - möchte man eigene Inhalte mehr Personen präsentieren, kann man dies per Bezahlung erreichen. Wie bei jeder anderen Plattform auch ist Facebook effektiver für Unternehmen, die bezahlte Werbung nutzen. Mit bezahlten Medien erreicht man größere Reichweiten, und zwar zielgenauer, als mit irgendwelchen erstellten Inhalten, wie zum Beispiel Blog-Posts.
2. Das Beste daran ist, dass man **kein riesen Budget** dafür benötigt und auch kein ausgewiesener Facebook-Werbeexperte sein muss.
3. **Qualität vor Quantität:** Manche einer mag denken, dass es nötig ist, öfter zu posten, um die natürliche Reichweite zu vergrößern. Das ist jedoch nicht notwendigerweise wahr. Obwohl regelmäßiges Posten ein wichtiger Teil davon ist, eine angesehene Präsenz aufzubauen, geht es hauptsächlich um die Qualität der Inhalte. Inhalte zu teilen, die bei den Besuchern auf Interesse stößt, bewegt selbige dazu, beim Scrollen durch ihren Feed innezuhalten und gegebenenfalls auf Basis des Versprechens, das von der Überschrift zum Post ausgeht, weiterzulesen.

4. Ein hochattraktiv **visuell aufbereiteter, aktueller, relevanter Inhalt** ist mehr wert, als viele ordinäre Posts zusammengerechnet.

5. **Videos einsetzen:** Facebook-Videos erhalten drei Mal mehr Beteiligung und werden über 1.000 % öfter geteilt. Sogar, wenn man den Vergleich mit dem König der Videos, YouTube, zieht, schneidet Facebook mit einer besseren Rate von zehnmal so vielen Likes ab.

6. Das funktioniert so gut auf Facebook, weil zusätzlich zum Teilen, Liken und Kommentieren, vor allem der Facebook-Algorithmus mit einbezieht, wie viel Zeit die Betrachter mit einem Video verbringen.

7. Es ist wichtig zu erwähnen, dass die meisten Anwender **Videos ohne Ton** ablaufen lassen und dementsprechend Videos ohne Ton aufgebaut sein sollten.

8. Das heißt, entsprechender **Text, der über dem Bild zugefügt wird,** ist unbedingt angeraten. Facebook bietet mit dem Ads-Manager und dem Power-Editor Optionen für solche Texteinschübe (Text-Over).

9. **Beteiligung auf einzigartige Weise fördern:** Man kann leider nicht direkt darum bitten, dass Freunde die eigenen Posts liken oder teilen, da Facebook dies automatisch als Spam erkennt. Jedoch gibt es andere Wege, um Freunde zur aktiven Beteiligung anzuregen. So kann man unter anderem per Text dazu auffordern, einen Freund, der das gepostete Bild beziehungsweise dessen Inhalte mag, zu taggen.

10. Das könnte zur Folge haben, dass **mehrere Kommentare** erstellt werden, in deren Folge man dann weitere inhaltliche Fragen stellen kann - am besten solche, wo die User von ihren Erfahrungen oder Plänen, ihrer persönlichen Meinung, sprechen,

sodass eine möglichst rege Diskussion entsteht.

11. **Schreibe über aktuelle Themen:** Wenn jemand die Onlinewelt betritt, erwartet er Posts, die wiedergeben, was aktuell geschieht. Aktuelle Nachrichten aus Sport, Politik, Feiertagen, und so weiter bieten einen guten Aufhänger, um den man eine Story aufbauen kann.

12. Wenn man entsprechende Hashtags nutzt, kann man weitere Reichweite bewirken und sich auf der Welle von anderen Ereignissen mitbewegen.

13. Auch für diese Strategie lohnt sich der **Einsatz von einer Analyse-Software**, auf die noch im Weiteren eingegangen wird.

Zusammenfassend kann man sagen, dass, während die Anwenderzahl von Facebook ebenso wie die Inhalte wächst, auch der Algorithmus immer wieder Änderungen erfahren wird, und es wichtig ist, die Prinzipien zu verstehen.

Auch, wenn man sozusagen nicht die ganze Facebook-Welt erobern kann, geschweige denn kurzfristige Wunder als gegeben einkalkulieren sollte, ist es dennoch wichtig, endlich den Schritt zur Onlinepräsenz im größten sozialen Netz zu wagen, und Position zu beziehen.

Okay, was gilt es also zu tun, um positives Feedback aufzubauen?

Insbesondere braucht es natürlich eine stringente Strategie, um nachhaltig Mehrwert bei den Fans aufzubauen.

Ganz konkret sollte man seine anderen Onlinekanäle selbstverständlich auch in Richtung Facebook öffnen und vernetzen. Somit macht man es einfach für Interessierte, dem zuvor eingeschlagenen Weg, ohne Hürden weiter zu folgen.

Um Facebook auf der eigenen Webseite hervorgehoben zu platzieren, bietet es sich an, ein entsprechendes Plugin zu installieren, dass den

Feed der letzten Posts auf der Webseite als Vorschau zeigt. Dort können Besucher dann direkt Likes verteilen, ohne auch nur die Webseite zu verlassen.

Auch klassische Wege, wie das Vermarkten per Visitenkarte, Erwähnung auf einem Flyer, in anderen Printmedien, oder gar per Aufsteller oder Banner in einem Shop, helfen. Der Kreativität ist hier keine Grenze gesetzt, was zum Beispiel den Einsatz von Discounts, als Gegenwert für Likes angeht.

Man sollte insgesamt darauf achten, dezent zu wirken und nicht aufdringlich oder gar aggressiv zu bewerben, da dies leicht den gegenteiligen Effekt hervorruft.

Prinzipiell gilt, dass es die Hauptfunktion einer Facebook-Seite ist, Inhalte darzustellen. Diese gilt es also mit Konstanz zu erstellen, um die informationshungrigen Facebook-Freunde zu füttern.

Okay, das klingt abgedroschen und selbstverständlich, ist aber so essenziell, dass es hier noch einmal hervorgehoben wird.

Wenn man es nun geschafft hat, entsprechende Inhalte zu publizieren und seinen Einfluss in der Welt der Facebook-Nutzer auszubreiten, werden eventuell mehr und mehr Personen auf die eigene Marke sowie Produkte aufmerksam.

Sehr hilfreich zu den vorgenannten Zwecken ist eine Software wie Hootsuite, mit der man alle

Social-Media-Netzwerke simultan überwachen kann.

Bevor wir auf Vorgenanntes eingehen, zunächst ein Blick darauf, was generell beim Posten zu beachten ist.

Generelle Funktionen

Posts mit visuellen Daten erzielen in Facebook die meiste Interaktion

Ein Bild zu posten, ist meistens eine gute Wahl. Insbesondere, da Facebook-Posts mit Bildern mehr als doppelt so viel Beteiligung erfahren, als solche ohne visuelle Aufbereitung.

Um ein Bild zu veröffentlichen, kann man entweder den "Teile ein Foto oder Video"-Button unter dem Post klicken oder direkt einen Post verfassen und den Kamerabutton auf der linken Seite klicken.

Facebook-Bildgröße

Bildgrößen sind von besonderer Wichtigkeit - über alle soziale Medien hinweg.

Es gibt einige Facebook-Bildgrößen, die man unter folgenden Auflösungen posten kann:

- Profilbild: 180 x 180
- Titelbild: 820 x 312
- Timeline-Bild: 1200 x 630 (Die Auflösung ist wichtiger als die eigentliche Größe.
- Es gilt, eine 1,9 zu 1 Rate beizubehalten.)

In Facebook gilt, wie in anderen Plattformen auch, dass eine konsistente Bilderauswahl wichtig für eine erfolgreiche Präsenz ist.

testen, testen, testen

Bilder sind der Aufhänger einer Anzeige und der Grund dafür, warum Nutzer sich dafür entscheiden, ob sie einen Beitrag anklicken oder nicht. Testen von verschiedenen Bildern ist daher Pflichtprogramm, um herauszufinden, welche Art von Bildern bei der gegebenen Zielgruppe am besten ankommt. Das erfährt man zum Beispiel durch die höchste Klickrate oder die höchste Conversion-Rate.

Hat man das Bild mit dem besten Ergebnis gefunden, so empfiehlt es sich, ähnliche Bilder zu erstellen und immer noch weiter zu testen, damit die Klickrate bestmöglich optimiert wird.

Facebook-Links

Wie an anderer Stelle erwähnt, ist einer der simpelsten Wege der Facebook-Seite zu mehr Aufmerksamkeit zu verhelfen, eigene Blog-Posts zu teilen.

Es ist anzuraten, nicht jeden Blog-Post zu posten, sondern die mit besonderer Relevanz für die Fans auszusuchen.

Darüber hinaus kann man einen Link posten. Technisch ist der Vorgang derselbe, wie bei der Erstellung von einem Textbeitrag. Anstelle den eigenen Blog-Post inhaltlich wiederzugeben, kann man auf geschickte, Neugierde bereitende Weise, den Link bewerben.

Bevor man den Post veröffentlicht, kann man den Link löschen, um den Post professioneller und übersichtlicher aussehen zu lassen. Dadurch wird der Blog-Post automatisch mit Titel, Beschreibung, Bild und Metadaten veröffentlicht.

Facebook-Video

Wenn man eine Geschichte auf Facebook wiedergeben möchte, ist es wahrscheinlich das Beste, ein Video zu veröffentlichen.

Hervorzuheben sind hier die Varianten “Live-Video” und längere Videos.

Das kommt daher, dass der Facebook-Algorithmus nun beides, live Videos und lange Videos, die bis zum Ende, beziehungsweise zu 75 % angeschaut werden, bevorzugt.

Um ein Video zu Facebook hochzuladen, sollte man vorgehen wie beim Teilen von sonstigen Inhalten und dann das Bild vom Speicherplatz auswählen.

Wir empfehlen Videos als MP4- oder MOV-Datei hochzuladen.

Als Nächstes wird man aufgefordert, etwas Text zum Post, eine Überschrift und Tags hinzuzufügen.

Wenn man sich vorstellt, dass viele Benutzer auf ihren Mobiltelefonen den Facebook-Feed herunterscrollen und dabei automatisch abspielende Videos im Lautlosmodus anschauen, leuchtet es ein, über Untertitel nachzudenken. Diese in SRT-Dateien erstellten Untertitel sichern Verständnis bei der vorgenannten Zielgruppe.

Die ersten Eindrücke des Videos sollten aufgrund der Autoplay-Funktion unbedingt so ansprechend wie möglich sein, sodass Nutzer dazu angeregt werden, auch den Rest anzuschauen.

Facebook-Live

Abgesehen von bereits erstellten Videos, ist „Facebook-Live“ eine weitere interessante Option, um Inhalte zu präsentieren. „Facebook-Live“ ist ein Angebot, das es ermöglicht, sich per Livestream auf dem Smartphone zu präsentieren.

Obwohl jedem Facebook-Nutzer zugänglich, ist dieses Angebot besonders vielversprechend für Unternehmen, die die Beziehung zu ihren Fans vertiefen möchten. Um es auszuprobieren, öffnet man einfach die Facebook-App auf dem Mobilgerät, geht zur Seite und klickt auf "Veröffentlichen", so, als ob man einen neuen Post erstellen möchte.

Nutzt man „Facebook-Live“ zum ersten Mal, wird man aufgefordert, Facebook den Zugang zur Kamera und dem Mikrofon zu gewähren. Im Anschluss sollte man die Einstellungen bezüglich Privatsphäre prüfen und dort auswählen, ob man lediglich für Freunde oder für die Allgemeinheit veröffentlicht. Eine weitere Variante ist, ausschließlich für einen selbst zu veröffentlichen. Beim ersten Versuch ist dies sicherlich angeraten, sodass das erste Video nicht im News-Feed auftaucht.

Bevor man die erste Liveschaltung startet, schreibt man einen ansprechenden Titel, den man neben dem Live-Video zeigen möchte. Dann nutzt man die beiden Pfeile in der oberen rechten Ecke, um zu bestimmen, ob man die Kamerasicht zur “Selfie”-Ansicht wechseln möchte, oder umgekehrt. Zuletzt muss entschieden werden ob man das Telefon vertikal oder horizontal halten möchte.

“Go Live”

Wenn man eine Liveübertragung gestartet hat, kann man Beteiligung bewirken, indem man Fragen stellt und dazu ermutigt, Kommentare abzugeben. Alle paar Minuten sollte man sich erneut vorstellen, und den Grund der Videoübertragung benennen, für gegebenenfalls neu Hinzugekommene.

Facebook-Instant-Articles

Facebook - „Instant-Articles“ können mit wenig Datenvolumen erstellt werden, bieten somit ein schnelles Laden, das speziell auf die Mobilgerätenutzung ausgelegt ist.

Andernfalls kann dies zu nachhaltiger Frustration bei den Betrachtern führen, deren Facebook-App sich beim mobilen Laden eines Links aufgehängt hat.

Das ist der Hauptvorteil von Facebook - „Instant-Articles“. Um den Unterschied der beiden Artikeltypen von vorneherein anzuzeigen, wird ein grauer Blitz unter dem Titel des Posts angezeigt.

Facebook-Virtual-Reality

Ein futuristisches Angebot ist „Facebook-Virtual-Reality“. Aktuell handelt es sich dabei hauptsächlich um ein 360-Grad-rundum-Video.

Tief gehende Berichterstattung und besonders realistische Vorstellung von Orten können so geteilt werden.

Unterstützende Apps

Hootsuite und andere Hilfswerkzeuge

Hootsuite-Ads

Anstatt jede Anzeige manuell zu erstellen, kann man mit „Hootsuite-Ads“ hunderte von Anzeigen in Minuten erstellen und testen. Dies gilt auch für Instagram.

Mehr Conversions entstehen als Folge von feingranularer Kontrolle über das Platzieren,

zeitliche Planen und das benutzergerechte Zuschneiden von Werbung, je Zielgruppe.

Budget für bezahlte Werbung optimal nutzen

Budget, welches schlecht abschneidender Werbung zugewiesen ist, kann kinderleicht anderen Kampagnen zugewiesen werden.

Automatisierte Prozesse

In vielen Fällen kann man vorab gesetzte Richtwerte nutzen, um automatisierte Abläufe anzustoßen. Zum Beispiel das Budget erhöhen, je nachdem wie erfolgreich eine Kampagne abschneidet

Anbindung von sonstigen Tools

Andere Marketingsoftware, wie Hubspot, MailChimp, GetResponse und andere, können direkt mit dem Facebook Werbe-Account über Hootsuite verbunden werden.

Zugriff und Rechte steuern

Wenn man in einem Team arbeitet, ist es enorm hilfreich, zentral die jeweiligen Rechte und Zugriffe von Facebook und Instagram auf einen Blick einzurichten.

Mit Analysen Mehrwert schaffen

Der Spaßfaktor steigt ungemein, wenn man auf einen Blick die besten Werbeanzeigen sieht.

Die tatsächlichen Auswirkungen, sowie Beteiligung und weitere Metriken können zum tiefer gehenden Verständnis der Wirkung herangezogen werden.

Bei mehrfachen Kampagnen kann man Projekte, Marken oder Kampagnen per “tagging” markieren.

Schnell und unkompliziert kann man Analyseergebnisse in Excel exportieren oder direkt ein PDF erzeugen, um es mit dem Team zu teilen. Zeit kann eingespart werden, wenn man automatische Reports erzeugt.

Leistung messen

Messwerte in Echtzeit - Facebook und Instagram Werbeanzeigen helfen Entscheidungen schnell und unter Einbeziehung von angemessenen Informationen, zu treffen.

Wissen kommt von Wissen

Wissen im Team aufbauen durch Expertenunterstützung.

Die sozialen Medien sind vielfältig und schnelllebig. Regelmäßiges Training und Updates über Trends und Neuigkeiten helfen, auf hohem

Niveau zu spielen. Training ist online, sowie auch vor Ort verfügbar.

Wertvolle Zeit und Ressourcen lassen sich kurz- und auch langfristig sparen, wenn man sich langwieriges Probieren erspart, indem man die gesamte Marketingstrategie, sowie auch generelle Anzeigenerstellung etc. entweder per klassischer Unterstützung von einer lokal ansässigen Agentur begleiten lässt, oder gleich online von den Hootsuite-Experten.

Adpresso

„Adpresso" ermöglicht ähnliche Dinge, wie automatisierte Auswertungen, unzählige verschiedene Layoutvarianten von einer einzigen Anzeige per Knopfdruck, gespeicherte Vorlagen und ein anpassbares Dashboard.

Generell lässt sich sagen, dass Tools wie die gerade erwähnten, das Werbeleben rund um Facebook deutlich einfacher machen. Speziell, wenn man regelmäßig werben wird.

Die Anzahl der verfügbaren Apps, die mit Facebook zusammenarbeiten, wächst stetig mit dem Erfolg von Facebook. Eine sehr hilfreiche Option ist, die Software "Zapier" zu nutzen, die verschiedene Dienste direkt mit Facebook zu verbindet. So können zum Beispiel über eine Verbindung zu "MailChimp" automatisch E-Mails in Bezug auf eine Werbeaktion versandt werden. Dafür muss man sich bei „Zapier" anmelden und dann Facebook mit „Zapier" verbinden. Nach der Einrichtung empfiehlt es sich, einen Testlauf zu starten, damit sichergestellt ist, dass die Verbindung erfolgreich ist.

Software zum Erstellen von Videos

Die meisten klein- und mittelständischen Unternehmen haben bisher noch keine Videowerbung gewagt. Es scheint eine Domäne zu sein, die den großen am Markt vorbehalten ist.

Jedoch tun sich mit dem Fortschritt der Technik ungeahnte Möglichkeiten auf. Kostengünstig und einfach kann man unter anderem, aus den nachfolgend beispielhaft aufgeführten Videotools auswählen, um Text über bewegte Bilder zu legen, Slideshows zu erstellen oder professionell anmutende Videos zu erstellen.

Einige Videoanwendungen, die speziell zur Erstellung für soziale Medien geeignet sind

1. Animoto

„Animoto" verwandelt Fotos und Videoclips einfach in Slideshows. Monatliche Kosten liegen circa bei 20-30 Euro.

Man kann simpel einen geteilten Bildschirm erstellen, Collagen anlegen und Fotos sowie Videos gemeinsam präsentieren. Eine "Voice-Over"-Funktion ermöglicht eigenen Text einzufügen, oder aus mehreren Tausend Songs auszuwählen.

Wenn man den Text hinzugefügt hat, kann man direkt aus der Anwendung heraus teilen.

Hervorzuheben ist die Option, ein Video direkt im quadratischen Modus zu bearbeiten, was vielen Plattformen und der mobilen Nutzung entgegenkommt.

Kann entweder am Desktop oder auf Android, bzw. iOS (Mac) genutzt werden.

2. Biteable

Hier liegt der Fokus darauf, Animationen vollständig in wenigen Minuten zu erstellen. Generell kann man das Tool umsonst nutzen, wobei einige Bearbeitungsoptionen erst zusätzlich, bei Nutzung der Premiumvariante, für ca. 100 Euro pro Monat, erhältlich sind. Auch das Wasserzeichen von „Biteable" verschwindet erst bei Nutzung des Upgrades.

Das Besondere an dieser Anwendung ist, dass man sehr viel Videomaterial bereits zur Verfügung gestellt bekommt, und unterschiedliche Szenen simpel miteinander kombinieren kann, um auf die Schnelle etwas professionell Wirkendes zu erstellen, ohne je die eigene

Kamera dafür bewegt haben zu müssen. Die Anwendung ist ausschließlich für die Desktopnutzung gedacht.

3. <u>GoAnimate</u>

Hierbei handelt es sich um Software, die zum Ziel hat, professionell gestaltete Videos abzuliefern. Von 30 Euro bis zu mehreren hundert Euro „ist eine breite Palette an Spielraum verfügbar.

„GoAnimate" unterscheidet sich beispielsweise von „Biteable" darin, dass man eigene Charaktere miteinander sprechen lassen kann. Wenn man einen entsprechenden Dialog aufnimmt, werden die Münder der Figuren automatisch dementsprechend bewegt werden.

So kann man zum Beispiel eine digitale Version von einem selbst Erstellen und das Branding einer Person vornehmen.

Man kann das eigene Logo optional hinzufügen und auch sonst kreativ verschiedene Dateien hochladen, um eigenes Sound- oder Videomaterial einzubinden.

Die Anwendung funktioniert lediglich am Browser.

4. <u>iMovie</u>

Für nur wenige Euro im Monat kann man dieses auf Mac ausgerichtete Tool nutzen und dabei auf fortgeschrittene Optionen, wie Bild-in-Bild zurückgreifen, geteilter Bildschirm oder ganze Hintergründe tauschen. Es gibt eine

Reihe von Material, auf das man zugreifen kann, wie Musik, Titelsequenzen, Soundeffekte und Filter. Videos können unmittelbar zu Facebook hochgeladen werden. Andernfalls ist ein Export in den gängigen Formaten möglich.

Hervorzuheben ist die Option, auf dem iPhone mit der Bearbeitung zu starten und ohne gefühlten Medienbruch, auf dem Mac fortzufahren.

5. Legend

Der Leitspruch ist hier: “Worte bewegen Menschen, Legenden bewegen Worte”.

Schwer zu glauben, bei nur 2 Euro pro Monat.

Allerdings kann man tatsächlich eine Menge mit den eigenen Worten durch Legend bewegen.

Es geht alles um Animation der Selbigen. Die animierten Videos können lediglich ein Hintergrundbild oder Video enthalten und maximal sechs Sekunden lang sein.

Diese kann man dann als GIF-Bilddatei oder als Video speichern und es entsprechend in Instagram oder Facebook hochladen oder als hochladbare Datei speichern.

Targeting-Methoden: Facebook-Pixel

Werbung auf Facebook lässt sich sehr effektiv per „Facebook-Pixel" optimieren.

Es handelt sich hierbei um eine äußerst wichtige Funktion, die überraschenderweise von vielen Werbetreibenden noch nicht, beziehungsweise nicht optimal genutzt wird. Um einen sogenannten „Conversion-Pixel" zu erstellen, loggt man sich beispielsweise in den Werbeanzeigen-Manager ein und klickt auf „Conversion Tracking".

Auf der nächsten Seite klickt man lediglich im rechten oberen Seitenbereich auf den grünen Button „Pixel erstellen" und schon erhält man einen Code, den man dann beliebig zu unterschiedlichen Seiten zufügen kann.

Es handelt sich dabei um einen Code (in JavaScript geschrieben), der von Facebook, zur Integration in einen Onlineshop (wie zum Beispiel Shopify), oder auf eine übliche Website (zum Beispiel Wordpress basiert) bereitgestellt wird. Damit lassen sich gleich mehrere Fliegen mit einer Klappe schlagen.

Außerdem lernt man das Anwenderverhalten, seiner Zielgruppe, besser einzuschätzen.

Die richtigen Adressaten erreichen

- Das Facebook-Pixel zielt darauf ab, neue Kunden zu gewinnen und Werbeanzeigen entsprechend für Personen zu optimieren, die das beworbene Produkt wahrscheinlich kaufen. Im Weiteren sollen so Personen mit relevanten Anzeigen auf Facebook, sowie auch Instagram erreicht werden, nachdem sie die Facebook-Seite besucht haben.

- Die Ergebnisse von Werbeanzeigen messbar machen
- Durch das Facebook-Pixel kann man in Anzeigeberichten von Facebook analysieren, wie Verkäufe und Umsätze auf Werbeanzeigen zurückzuführen sind.

Es ist also für Shop-Besitzer, die per Facebook werben oder werben wollen, unbedingt sinnvoll, sich eingehender mit der Einrichtung und dem Nutzen von Facebook-Pixel zu beschäftigen.

Mit den Worten von Jon Loomer, Begründer des "The Power Hitters Club", einer privaten Gemeinde für fortgeschrittene Facebook-Werbetreibende:

"Wenn man kein Conversion-Tracking nutzt, wird man es schwer haben, zu bestimmen, welche Werbeanzeige tatsächlich Gewinn erzeugt."

Hier seien nur einige grundlegende sowie auch detaillierte Informationen benannt, sodass ein generelles Verständnis für weitere Werbemöglichkeiten besteht.

Was ist Facebook-Pixel und wann sollte man es einsetzen

Dieses Pixel nun zu benutzen und auch zu verstehen, kann etwas Verwirrung kreieren, obwohl es an und für sich sehr einfach ist, es zu erstellen. Erfahrung mit Facebook generell, und dem Werbeanzeigen-Manager spezifisch, sollte jeweils gegeben sein, um in tiefere Details einzusteigen.

Soll heißen: Es muss nicht das Erste sein, wenn man beginnt auf Facebook zu werben, aber gut, es im Hinterkopf zu behalten, wenn die Basics soweit auf solidem Fundament stehen.

Man kann bei mangelnder Zeit oder Konfusion bezüglich des Facebook-Pixels, auch beispielsweise einen Shopify-Experten in Anspruch nehmen. Über Plattformen wie „Upwork", lassen sich die zu erwartenden Ergebnisse leicht formulieren und an Meilensteine knüpfen, sodass auf eine Vielzahl von fähigen - und aufgrund des Konkurrenzdrucks oftmals sehr günstigen - Professionals zurückgegriffen werden kann.

App-Events zum Tracking und der Analyse verwenden

„App-Events" hat einen ähnlichen Zweck wie „Facebook-Pixel". Es kann damit das individuelle Nutzerverhalten nachverfolgt und dementsprechend die Werbeanzeige optimiert, beziehungsweise passendere Kunden beworben werden.

Targeting-Optionen

Ein Beispiel dafür, was Targeting bedeutet, ist zum Beispiel eine kundenspezifische ("dynamic custom audience") -Aktion, basierend auf konkreten Handlungen von Personen:

Alle, die etwas in den Einkaufswagen gelegt aber dann doch nicht gekauft haben, können direkt per automatisiertem Event kontaktiert werden.

Außerdem können sogenannte "lookalike audiences" erstellt werden, um Neukunden zu gewinnen.

„Lookalike", meint in diesem Falle, dass aufgrund bestimmter Merkmale eine Ähnlichkeit mit den eigenen Kunden besteht.

Kampagnen Analysieren

Die richtigen Nachrichten, zu den richtigen Adressaten

Man kann die softwarebasierte Unterstützung noch einen Schritt weiter führen und „Facebook-Insights" nutzen.

Facebook-Insights ermöglicht Einblicke hinter die Kulissen der Fans

„Facebook-Insights" schafft ein besseres Verständnis davon, welche Bedürfnisse die Adressaten von Werbung haben. Als Beispiel kann man den Verkauf von Kleidern anführen.

Wenn man einen Artikel über natürliche Farben, für Kleider aus nachhaltig produziertem Material geschrieben hat, kann man nun diesen Post genau in dem News-Feed erscheinen lassen, wo das jeweilige Geschlecht, welches man adressiert, ein Interesse an Kleidern und Natürlichkeit besitzt.

Zur konkreten Auswahl steht nicht nur das Geschlecht, sondern auch Ort, Beziehungsstatus, Interessen, Wohnort und mehr zur Verfügung. Zunächst klickt man auf das Zeichen am Ende des Posts, bevor man auf veröffentlichen klickt, und bekommt so einen Button angeboten, um die konkrete Ausführung wie zuvor beschrieben umzusetzen.

„Facebook-Insights" ist ein mächtiges Werkzeug, für diejenigen, die die Interaktion auf ihrer Facebook-Seite nachvollziehen möchten. „Facebook-Insights" kann generell von allen Administratoren auf der Seite gesehen werden.

Indem man „Facebook-Insights" nutzt, kann man unter anderem die beste Zeit des Tages eruieren, an welcher ein Post am Meisten Interaktion erzeugt. Parallel dazu gilt das Gleiche für den besten Tag der Woche. Welche Inhalte am besten ankommen, lässt sich ebenso leicht herausfiltern.

Zum Verständnis ist wichtig, im Hinterkopf zu behalten, dass „Facebook-Insights“ ständige Updates im Hintergrund fährt, die die neuesten Userstatistiken und Gewohnheiten der Seite akkurat wider geben.

Um also auf dem neuesten Stand zu bleiben, muss man sich „Facebook-Insights“ iterativ, das heißt wiederkehrend zuwenden.

Hier einige nützliche Schritte zu den ersten Schritten in Facebook-Insights

1. Wo finde ich Facebook-Insight

Man klickt auf das Zahnrad auf der Facebook-Seite und wählt “View-Insights” aus.

Auf dem Dashboard ist die Gesamtzahl von Likes und deren Tendenz zu sehen, die Anzahl von potenziellen Freunden, die man erreichen kann, und wie viele Personen aktiv über die eigene Seite sprechen.

2. Beliebtheit der Posts

Man kann sortieren nach:

- allen Posts
- Posts
- Fotos
- Links
- Videos
- Fragen

Wenn man zum Beispiel den Erfolg von einem bestimmten Video erfahren möchte, kann man beispielsweise, anstatt durch alle Posts zu suchen, einfach nach Videos sortieren.

Man wird somit in die Lage versetzt das Datum des Posts, dessen Titel und seine Reichweite, zu sehen.

Außerdem, wie viele Benutzer mit dem spezifischen Post interagiert haben und wie weitflächig dieser wieder gepostet wurde. Wenn man feststellt, was die eigene Zielgruppe am meisten mag, kann man mehr von entsprechendem Inhalt generieren, um die Markenbekanntheit, Reichweite und andere Parameter zu verbessern.

3. Likes

Wenn man auf "Likes" klickt, wird man sehen können, wo Fans wohnen und welche demographischen Werte sie aufweisen. Ist eine Zielgruppe überwiegend weiblicher Natur, wohnt in einem bestimmten Land oder Teil eines Landes, so kann man sich danach ausrichten und Posts dementsprechend aufbauen, dass es der Zielgruppe gerecht wird.

Im Falle von bezahlter Werbung kann man andere Produkte aus der eigenen Produktpalette anbieten.

Es ist nicht nur sinnvoll die "Likes" zu verfolgen, sondern auch die "Unlikes". "Gefällt mir nicht" - welcher Post war noch mal an diesem Tag? Warum wurde der "Daumen runter" vergeben?

Gab es zu viele Posts an diesem Tage? Keine Bilder, zu viele Worte?

Dies ist ein Beispiel dafür, wie man die ansonsten trockenen Statistiken zu nützlichem Leben erwecken kann. Demographische Informationen können außerdem sehr nützlich sein, wenn man Landingpages und andere Marketingaktionen benutzt.

4. Reichweite

Wieviel der eigenen Inhalte erreicht nun tatsächlich die Fans? Wer spricht über die Seite? Verlinkt jemand Bilder oder Videos weiter?

Hier kann man gut sehen, wie die einzelnen Besucher auf die Seite gelangt sind. Durch Googlesuche, per Werbebanner oder per Klick auf einen Link.

Wichtig hieran ist, dass man hierdurch erkennen kann, welche Kanäle am effektivsten wirken.

5. Talking about

Diese Seite liefert wertvolle Daten darüber, wer über die Seite spricht.

6. Check-Ins

Dieser Bereich ist nicht wirklich relevant, wenn man keinen physischen Shop besitzt. Für lokale Shops jedoch ist es sinnvoll diese Option anzubieten. Meist wird aus Loyalität und der Freude daran Interaktion zwischen physischer und virtueller Welt zu kombinieren, der «check-in» genutzt.

7. Weiterführende Daten

Daten können exportiert werden, indem man den Button in der rechten oberen Ecke anklickt.

Im nächsten Schritt kann man das Format in MS Excel auswählen. Eine Datenselektion kann hier getroffen werden, um gezielt Daten auszuwählen.

Das Ergebnis ist ein schier überwältigender Export, mit unzähligen Spalten von Daten und Datenblättern. Jede Spalte in den Metriken liefert unterschiedliche Informationen. Zum Beispiel, wenn man die "Lifetime Total Likes" anwählt, sieht man die Gesamtzahl der Likes für den zuvor ausgewählten Datenbereich.

"Total Daily Reach" handelt sich darum, wieviel Freunde und Freunde von Freunden man mit Posts erreicht hat.

Es lohnt sich, die Scheu vor dem Excel-Datenmonster zu überwinden und in die Analyse abzutauchen.

„Facebook-Insights" öffnet also eine Schatztruhe an nützlichen Informationen über die eigene Facebook-Seite. Trotzdem ist und bleibt der Schlüssel zum Erfolg, dass man diese Daten entsprechend nutzt.

Kampagnen analysieren und verbessern

Die Daten, die Facebook einem bezüglich Kampagnen zur Verfügung stellt, sind faszinierend - jedoch nur, wenn man weiß, aus welchem Blickwinkel man sie betrachten muss. Manchmal scheint es, dass man eine Menge unnötige Daten erhält, die lediglich darauf ausgelegt sind, dass man mehr Geld in die Anzeigen investiert. Man sollte achtgeben, kein Geld zu verschwenden, indem man denkt, dass Anzeigen erfolgreich sind, welche eigentlich nicht sonderlich viel Effekt erzielen.

Anstelle dessen sollte man unbedingt lernen, die Ergebnisse selbst zu deuten.

Facebook ordnet die Daten scheinbar in einer Weise an, dass man geneigt ist, seine Kampagne optimistisch zu betrachten. Die Daten, die wirklich relevant und wichtig zur Deutung der Kampagne sind, befinden sich meist in etwas abgelegenen Regionen.

Welche vier Metriken sind irrelevant (oder zumindest weniger wichtig)

- **Reichweite.** Wichtiger, als die schiere Reichweite, ist die Interaktion mit den erreichten Personen.
- **Klicks**. Unabhängig von der Art der jeweiligen Anzeige, kann man eine Menge von Klicks erhalten, die keine eigentliche Bewandtnis haben. Das verhält sich anders, wenn man einen längeren Werbetext oder einen Like-Button beworben hat, der entsprechenden Anklang gefunden hat. Solange man aber nicht gerade mehr Traffic für die eigene Seite generieren

möchte, sind die Anzahl von Klicks weniger relevant. Manch einer mag unken, dass Facebook diese überwiegend nutzlose Statistik dazu nutzt, das Ego der Benutzer zu befeuern.

- Ganz einfach: Ignorieren.
- **Videos.** Okay, diese Metrik ist wichtig, wenn man Videoanzeigen nutzt. Leider ist diese Statistik nicht aussagekräftig, da bei Facebook jedes Video, welches 3 Sekunden geschaut wurde, als ein "View" gezählt wird.
- Und da Videos häufig im News-Feed automatisch abspielen, würde das passive Nichtschauen jedes Mal als View gezählt, sofern man nicht schnell genug runterscrollt.
- Es gibt also definitiv nützlichere Statistiken als diese.
- **Relevanz.** Die Relevanz ist in keinerlei Weise mit dem Erfolg einer Kampagne verdrahtet. Aus diesem Grunde braucht man nicht mehr Zeit als notwendig hiermit aufwenden.

Welche Metriken sind nun besonders aussagekräftig

Für Leadkampagnen

Hier einige wichtige Kennzahlen, für jegliche Art von Traffic bezogenem Ziel, das darauf aus ist, Leads zu generieren.

1. **Impressionen:** Hiermit ist gemeint, die Gesamtzahl davon, wie oft die Anzeige aufgerufen wurde. Das ist nicht gleichzusetzen mit der Reichweite, welche die einzelnen Personen, die die Anzeige gesehen haben, beziffert.
2. **Kosten pro 1.000 Impressionen (CPM):** Die durchschnittlichen Kosten dafür, die Anzeige tausendmal zu präsentieren. Das kann man sich als Facebooks Preisschild vorstellen.

3. Es variiert in Abhängigkeit davon, wie viel Bedarf für die Zielgruppe, die man zum Zeitpunkt der Kampagne adressiert, besteht.
4. Es kann kurioserweise tatsächlich vorkommen, dass an einem willkürlichen Tage die Anzeige günstiger ist, als an einem anderen. Hierüber besteht nicht viel Kontrolle - es dreht sich hier alles um Angebot und Nachfrage.
5. Das Einzige, was man tun kann, ist regelmäßig die Zielgruppe zu testen.
6. **Frequenz:** Die durchschnittliche Anzahl davon, wie oft eine einzelne Person die Anzeige gesehen hat. Gerechnet wird konkret: Impressionen geteilt durch Reichweite.
7. Das ist insofern eine wichtige Kennzahlenübersicht, um sicherzustellen, dass man die Zielgruppe nicht übersättigt - oder mit anderen Worten "zuspamt".
8. Eine bewährte Einstellung ist in diesem Falle, nicht mehr als vier für den News-Feed und weniger als acht, für die rechte Spalte auszuwählen.
9. **Ausgaben:** Wieviel kostet es, eine Adresse zu generieren? Berechnet, indem man die Kosten durch die Anzahl der Leads teilt.
10. **Klickrate oder Click-through Rate (CTR)**, a.k.a. Website CTR: Der prozentuale Anteil der Personen, die die Anzeige gesehen haben und selbige angeklickt haben, um somit zum weiterführenden Ziel zu gelangen. Berechnet durch die Anzahl der Link-Klicks, geteilt durch die Impressionen.
11. **Link-Klicks:** Die Anzahl von Personen, die die Anzeige geklickt haben und zur weiterführenden Seite gelangt sind. Dies ist eine gute Metrik, um die Anzahl der Personen zu

schätzen, die eine weiterführende Webseite besucht haben.

12. **CPC (Link):** Die durchschnittlichen Kosten für jeden Klick von der Anzeige, hinüber zur Webseite. Berechnet, indem man die Gesamtausgaben durch die Anzahl der Link-Klicks teilt.

13. **Leads:** Die Anzahl von Personen, die sich auf der Landingpage eingeschrieben haben, nachdem sie die Facebook-Werbung gesehen haben. Hinweis: Wenn man das Tracking-Pixel so aufsetzt, dass man die Kategorie "Registrierungen" ausgewählt hat, sollte man entsprechend bei den Registrierungen nachschauen und nicht bei den Leads.

14. **Kosten pro Lead:** Wie viel jede Einschreibung so weit gekostet hat. Dies wird berechnet, indem man die Gesamtausgaben durch die Anzahl an Leads teilt.

15. Was kann man nun mit diesen Daten anfangen:

Kosten pro Lead ist die oftmals wichtigste Metrik.

Wenn Leads teurer sind, als man wünscht, sollte man versuchen herauszufinden, was dies

verursacht. Man kann sich an 2,50 Euro pro Lead als durchschnittlich maximalen Wert orientieren.

- Die Link-Klicks durch Leads teilen, um die Conversion-Rate für eine Landingpage zu finden. Wenn dies unter 30 % liegt, gibt es eine Menge Dinge zu verbessern.
- Wenn die Klickrate (CTR Links) niedrig ist (unter 1 %), ist entweder die Anzeige nicht ansprechend oder man zielt auf die falsche Zielgruppe ab.
- Wenn der CPM hoch ist, sollte man eine andere Zielgruppe testen.

Verkaufskampagnen

Wann immer man Anzeigen zum Abverkaufen nutzt, kann man versuchen, die folgenden Metriken, welche im Prinzip den vorigen ähneln, zu nutzen.

1. **Impressionen:** Gesamtzahl, wie oft die Anzeige aufgerufen wurde.
2. **Kosten pro 1.000 Impressionen (CPM):** Durchschnittliche Kosten dafür, die Anzeige tausendmal zu präsentieren.
3. **Frequenz:** Durchschnittliche Anzahl davon, wie oft eine einzelne Person die Anzeige gesehen hat.
4. **Ausgaben:** Wie viel kostet es, eine Adresse zu generieren? Berechnet, indem man die Kosten durch die Anzahl der Leads teilt.
5. **Klickrate (CTR)**: Der prozentuale Anteil der Personen, die die Anzeige gesehen haben und selbige angeklickt haben.
6. **Link-Klicks:** Die Anzahl von Personen, die die Anzeige geklickt haben und zur weiterführenden Seite gelangt sind.
7. **CPC (Link):** Die durchschnittlichen Kosten für jeden Klick von der Anzeige, hinüber zur Webseite.
8. **Leads:** Die Anzahl von Personen, die sich auf der Landingpage eingeschrieben haben, nachdem sie die Facebook-Werbung gesehen haben.
9. **Kosten pro Lead:** Wie viel jede Einschreibung so weit gekostet hat. Dies wird berechnet, indem man die Gesamtausgaben durch die Anzahl an Leads teilt.

Aktionen, die man aus dieser Analyse ableiten kann:

Diesmal liegt die Priorität darauf, wie viele Checkouts man erzielt hat und wie die Kosten pro Checkout sind. Idealerweise sind die Kosten pro Checkout niedriger als der aktuelle Preis des Produktes.

Wenn die Resultate nicht sehr aufbauend sind, sei an dieser Stelle auch hinzugefügt, dass Kaltakquise auf Facebook sehr schwierig ist. Ein paar praktische Tipps:

- Wenn der CTR-Link-Wert niedrig, also unter 1% ist, gilt auch hier, dass die Wahrscheinlichkeit hoch ist, dass entweder die Anzeige selbst nicht ansprechend genug ist oder man die falsche Zielgruppe anspricht.
- Wenn der CPM hoch ist, sollte man eine andere Zielgruppe testen.
- Man kann Google Analytics nutzen, um die Gesamt-Conversion-Rate herauszufinden.
- Es ist möglich Facebook-Besucher, die vormals die eigene Webseite aufgesucht haben, nun per „re-targeting" erfolgreich zu bewerben.

Für sogenannte "Content Awareness" / Branding Campaigns (a.k.a. "driving traffic", oftmals genutzt für Blog-Posts):

1. **Impressionen:** Gesamtzahl, wie oft die Anzeige aufgerufen wurde.
2. **Kosten pro 1.000 Impressionen (CPM):** Durchschnittliche Kosten dafür, die Anzeige tausendmal zu präsentieren.
3. **Frequenz:** Durchschnittliche Anzahl davon, wie oft eine einzelne Person die Anzeige gesehen hat.

4. **Ausgaben:** Wieviel es kostet, eine Adresse zu generieren. Berechnet, indem man die Kosten durch die Anzahl der Leads teilt.

5. **Klickrate (CTR)**: Der prozentuale Anteil der Personen, die die Anzeige gesehen haben und Selbige angeklickt haben.

6. **Link-Klicks:** Die Anzahl von Personen, die die Anzeige geklickt haben und zur weiterführenden Seite gelangt sind.

7. **CPC (Link):** Die durchschnittlichen Kosten für jeden Klick von der Anzeige, hinüber zur Webseite.

8. **Leads:** Die Anzahl von Personen, die sich auf der Landingpage eingeschrieben haben, nachdem sie die Facebook-Werbung gesehen haben.

9. **Kosten pro Lead:** Wie viel jede Einschreibung so weit gekostet hat. Dies wird berechnet, indem man die Gesamtausgaben durch die Anzahl an Leads teilt.

Wenn man solche Anzeigen schaltet, sollte man unbedingt darauf achten, was Personen auf der eigenen Seite klicken. Lesen sie Posts und verlassen aber im Anschluss die Seite, klicken sie Anzeigen, und so weiter.

Ersteres würde ein Indikator dafür sein, dass die Seite dahin gehend optimiert werden sollte, dass man mehr Signups bekommt - was sich langfristig so gut wie immer auszahlt.

Was kann man mit diesen Daten anfangen

Unabhängig von der Anzahl der Leads, die die Kampagne erzielt, gibt es mehr zu beachten.

Wenn der CPC höher als 1 Euro ist, wird es recht teuer in Relation dazu, einzig Besucher für Blog-Posts zu gewinnen. Es lohnt sich in jedem Fall den CTR-Link-Wert zu prüfen.

Abermals gilt, sofern der Wert unter 1% ist, bedeutet dies entweder, dass die Anzeige nicht attraktiv genug ist oder die falsche Zielgruppe angesprochen wird.

Es ist empfehlenswert, zunächst ein anderes Thema zu wählen, jedoch bei der gleichen Zielgruppe zu bleiben. Falls der CTR nicht steigt, ist es Zeit ein anderes Thema zu wählen.

Für Videokampagnen

1. **Frequenz:** Durchschnittliche Anzahl davon, wie oft eine einzelne Person die Anzeige gesehen hat.

2. **Gesamtkosten:** Wie viel bis dato für Anzeigen insgesamt ausgegeben wurde.

3. **Video-Views:** Häufigkeit, wie oft ein Video für mindestens drei Sekunden angeschaut wurde. Zugegeben, diese Rubrik wurde zu Beginn verbannt. Jedoch handelt es sich hier um eine Videokampagne, bei der die Anzahl der Views den Kontext für die weiteren Statistiken darstellt.

4. **Durchschnittliche Prozent Video-Views:** Wie viel Prozent vom Video wurde tatsächlich von den Personen gesehen, die in der Video-View-Statistik erscheinen.

5. **Video-Views to 75%:** Wie viele von den Personen, die tatsächlich das Video angeschaut haben, schauten es zu mindestens 75%.

6. **Link-Klicks:** Die Anzahl von Personen, die die Anzeige geklickt haben und zur weiterführenden Seite gelangt sind.

7. **CPC (Link):** Die durchschnittlichen Kosten für jeden Klick von der Anzeige, hinüber zur Webseite.

8. **Leads:** Die Anzahl von Personen, die sich auf der Landingpage eingeschrieben haben, nachdem sie die Facebook-Werbung gesehen haben.

9. **Kosten pro Lead:** Wie viel jede Einschreibung so weit gekostet hat. Dies wird berechnet, indem man die Gesamtausgaben durch die Anzahl an Leads teilt.

Man kann davon ausgehen, dass Videos im Normalfall eine Menge Views kreieren. Manchmal kann die Folge sein, dass der Traffic drastisch erhöht wird und auch beträchtliche Conversions stattfinden.

Facebook liefert von sich aus, 24 Stunden nach Abschluss der Kampagne Daten darüber, wer das Video angeguckt hat. Diese können dann wieder beworben werden.

Eine Videokampagne kann wie folgt verbessert werden:

- Wenn der durchschnittliche Prozentsatz von Video-Views niedrig ist, könnte das Video nicht ansprechend genügend sein, um die Aufmerksamkeit der Betrachter zu wecken und diese über eine gewisse Zeitspanne zu halten.

- Oftmals ist das Video auch einfach zu lang.

- Kosten pro Lead: Wenn die Kosten pro Lead niedriger sind, als die durchschnittlichen Kosten pro Leads für Videokampagnen, sollte diese Videoanzeige unbedingt weiterlaufen.

  Falls die Kosten höher sind, ist dies kein Grund zu verzweifeln.

- Diese Art von Video mag gegebenenfalls funktionieren, wenn man die Zielgruppe per „re.targeting“ und einem absolut unwiderstehlichen Angebot erneut kontaktiert.

- Audience-Networkplatzierung - oder: Wie man sein Geld aus dem Fenster wirft

Während man seine Kampagne zusammenstellt, gibt es eine Menge Entscheidungen zu treffen. Budget, Zielgruppe und Plattformen, beziehungsweise Positionen, an denen die Anzeige zu sehen sein wird, müssen definiert werden.

Die letzte Entscheidung, die es zu treffen gilt, ist das sogenannte "Placement" ("Platzierung").

Warum diese Entscheidung von immenser Wichtigkeit ist, wird nun betrachtet.

Je nachdem, ob man sein Mobilgerät nutzt oder an einem Desktop-PC arbeitet, reagiert man unterschiedlich. Das sollte unbedingt in Betracht gezogen werden, wenn man die eigenen Metriken analysiert. Dementsprechend sollte man auch die Platzierung der Anzeige in den mobilen oder stationären Medien vornehmen.

Leider empfiehlt Facebook standardmäßig, dass man die Anzeige auf allen fünf möglichen Plattformen parallel schaltet.

Es gibt eine Menge resultierender Probleme, wenn man alle Plattformen zugleich mit der Anzeige quasi einer "Druckbetankung" unterzieht.

Zunächst ist es so, dass die unterschiedlichen Plattformen sehr unterschiedlich aufgebaut sind, was Nutzerverhalten und dem folgend auch Anordnung und Inhalt von Text, sowie auch Layout angeht.

Beispielsweise kann man unterschiedlich viele Zeichen nutzen, die Auflösung der Bilder variiert und so weiter. In Instagram trifft man je nachdem auf eine gänzlich abweichende Zielgruppe, jedoch zumindest ein absolut anderes Nutzerverhalten.

Gescheite Werbetreibende werden also immer unterschiedliche Anzeigenformate, in Sets, für unterschiedliche Medien erstellen.

Die gleiche Werbung, in verschiedenen Medien geschaltet, wird fast nie auf beiden Plattformen zum Erfolg führen. Von den oben aufgeführten Gründen abgesehen, ist es so, dass Audience-Network fast niemals zu Erfolg führt.

Was ist Audience-Network?

Hiermit sind üblicherweise jene Artikel gemeint, auf die man per Werbeanzeige gelangt.

Mit dem „Audience-Network“ kann man Werbekampagnen auch außerhalb von Facebook schalten und dabei Zielgruppen auf Webseiten und Apps Geräte übergreifend erreichen, zum Beispiel auf Computern, Mobilgeräten und connected TVs.

Wenn man den Preis dieser Anzeigen betrachtet, sieht man, dass selbige extrem günstig sind, was auf den ersten Blick verlockend aussehen mag.

Nun kommt der Haken. Die vielen Klicks, die man damit generiert, kommen zum Beispiel so zustande wie im folgenden Beispiel: Jemand scrollt in einem Artikel, den er liest, weiter, bis dort mitten im Artikel die „Audience-Network-Ad“ erscheint, die dann so manches Mal versehentlich geklickt wird.

Somit wird man automatisch zur Landingpage (Webseite), zum Blog oder einem anderen Ziel geleitet.

Leider meist nicht mit guten Gefühlen, sondern mit einer gehörigen Portion Ärger, weil sie a) vom Lesen ihres Artikels unterbrochen wurden und b) auf einer Seite mit einer vollkommen anders gelagerten Thematik gelandet sind. Vor allem, wenn man denkt, die Anzeige sei Teil des Artikels, den man gerade liest.

Also mag es vielleicht so sein, dass man eine Menge Klicks mit „Audience-Network-Placement“ generiert, jedoch sehr wenige Conversions.

Welche Platzierung sollte man stattdessen wählen

Die Platzierung im News-Feed - egal ob Mobil oder am Desktop - scheint am besten geeignet für die meisten Arten von Kampagnen. Wenn man genügend Zeit und Budget zur Verfügung hat, kann man auch die rechte Spaltenoption wählen. Selbstverständlich dann in dem dafür vorgesehenen Anzeigen-Set.

Die Ausnahme bestätigt die Regel

Es gibt die Ausnahmefälle, in denen tatsächlich von Erfolg bei Audience-Networkanzeigen berichtet wird. Wann kann das der Fall sein? Immer dann, wenn man bereits kontaktierte Personen - bestenfalls die eigenen Fans und Abonnenten - anschreibt. Also ein eingeschränktes "Ja" für "warme" Kontakte.

Für "kalte" Kontakte ein eindeutiges und unumstößliches "NEIN".

Auswertung mit Facebook-Analytics

„Facebook-Analytics" kann mit App-Events oder Pixel integriert werden, um übersichtlich verschiedenste Analysen zu ermöglichen.

Es lässt sich die komplette Benutzerhistorie, wie zum Beispiel der Besuch der Seite am Browser, auf dem Mobilgerät oder sogar offline nachvollziehen.

Anwenderdaten werden generell anonymisiert zu den Personen erfasst, die in irgendeiner Interaktion mit den eigenen Werbeaktionen stehen.

Anzeigen zur richtigen Zeit optimieren

Viele Werbende geraten in Panik, wenn nach einem Tag noch keine nützlichen Ergebnisse erreicht wurden, und gehen manches Mal sogar so weit, dass sie ganze Anzeigen stoppen. Dies sind dann häufig diejenigen, die überzeugt behaupten, dass Facebook-Anzeigen einfach nichts bringen.

Dabei legen Viele oftmals lediglich ein Tagesbudget von nur 5 EUR fest. Natürlich braucht es so eine ganze Weile, bis relativ verlässliche und entsprechend auswertbare Daten zur Verfügung stehen.

Man kann sich hierbei an der Faustregel orientieren, dass eine Anzeige Minimum 1.500 Nutzer erreicht haben sollte, um mit sinnvollen Auswertungen zu beginnen.

Daher ist absolut zu empfehlen, das Tagesbudget am Anfang nicht zu niedrig anzusetzen, sondern direkt etwas höher – mit einem Minimum von 10 Euro pro Tag -, um dann in kurzer Zeit genügend Daten zu erhalten.

Dies ergibt im Speziellen dann viel Sinn, wenn Kampagnen für eine festgelegte Zeit erstellt werden.

Versuch macht klug – Beispiele, woran man scheitern kann

Bei allem Analysieren gilt trotz alledem:

Letzten Endes zählen Verkäufe und keine Statistiken.

Klicks und Beteiligungen sind zwar wichtig (insbesondere, wenn man eine Kampagne zur Vergrößerung der Blog-Leserschaft fährt), jedoch sollte man sich nicht blenden lassen und die wirklichen, finalen Conversions, zum Beispiel Verkäufe zu zählen.

Noch mal zur Verdeutlichung. Bekommt man eine Menge Klicks, mag man verleitet dazu sein, die Kampagne als erfolgreich anzusehen. Das kann jedoch ein großer Fehler sein, da Klicks nicht automatisch Erfolg bedeuten.

Gerade dann tappt man gerne in die rosarote-Brille-Falle, nach dem Motto: "Ich muss nur geduldig sein, Verkäufe werden sich schon einstellen." Oder: "Ich werde das Budget erhöhen, die Beteiligung ist ja recht ordentlich". Sehr wahrscheinlich werden sich in einer Vielzahl der Fälle die Verkäufe niemals einstellen und man verliert Geld.

Die nackte Wahrheit ist, dass, wenn man Tausende Klicks und Shares bekommt, aber keinen einzigen Verkauf (wohlgemerkt bei einer primären Abverkaufskampagne), dann läuft etwas falsch.

Liegt es an der Anzeige? An der Zielgruppe? In jedem Falle ist es sinnvoll nachzuforschen und erst mal die Kampagne zu stoppen, anstatt weiter Geld zu verlieren.

Klicks sind wichtig, aber die Verkäufe sind hochwertiger und sollten unbedingt auch immer gemessen werden. Falls irgendetwas an der Anzeige nicht funktioniert, sollte man die Anzeige entsprechend anpassen. Wir hatten bereits ein Beispiel aufgeführt, in welchem vermeintlicher Verlust, langfristig betrachtet, positive Einnahmen ergaben. Der umgekehrte Fall ist denkbar und tritt oftmals auch ein.

Man stelle sich vor, ein Produkt wird für 200 Euro verkauft. Benötigt man nun 100 Euro um einen Verkauf abzuschließen, gewinnt man augenscheinlich 100 Euro.

Wenn man dabei einige Verwaltungskosten und Weiteres nicht mit einberechnet, dann kann es sich leicht als ein Minusgeschäft auswirken. Anfängerfehler, zugegeben. Die Moral von der Geschichte ist: Man sollte den Fokus immer wieder zurück aufs Wesentliche lenken, sonst kann es leicht geschehen, dass man größere Fehler macht, nur, weil man sich aufs Perfektionieren der Facebook-Anzeige versteift. Lange Rede, kurzer Sinn: erst Verkäufe, dann Klicks.

Dynamic-Ads

„Dynamic-Ads" haben exakt den gleichen "Look-and-Feel", wie andere Facebook Bildanzeigen oder Werbeanzeigen im Karussell-Format (das betrifft auch Anzeigen in Facebooks kleiner Schwester, Instagram). Anstatt nun für jedes der Produkte eine eigene Anzeige zu erstellen, erstellt man eine Vorlage, die automatisch Bilder und Informationen zu Artikeln, für die geworben werden soll, aus dem Produkt-Feed verwendet. Mithilfe des Facebook-Pixels (oder des SDKs) schalten Dynamic-Ads Anzeigen für Personen, die bereits durch ihre Handlungen auf der Produktwebseite Interesse am Produkt oder Unternehmen gezeigt haben.

Im weiteren Verlauf finden sich einige Beispiele zu Einsatz und Analyse des Pixel- und App-Events, in Kombination mit Dynamic-Ads (in diesem Falle "dynamic ads for travel"):

Mobile Welt und Web simultan aufsetzen

Es ist empfohlen, dass man das Nachverfolgen, beziehungsweise Tracking für beide Welten aufsetzt. Die Webseite und auch die Telefon-App aufsetzt. Auf der Webseite sollte man mindestens die Standardevents für Pixel auf den Schlüsselseiten, wie zum Beispiel auf Bestätigungsseiten, der Suche oder dem Checkout einstellen.

In der App wird man per App-Events das jeweilige Pendant zu denen auf der Webseite, aktivieren. Das Tracking auf diese Weise zu aktivieren, ermöglicht, Personen wiederholt mit Werbung zu kontaktieren, nachdem eine konkrete Aktion auf der Webseite erfolgt ist. Zum Beispiel, wenn jemand den Checkout-Prozess zur Bezahlung eines Produkts, gestartet, jedoch nicht beendet hat, kann Selbiger mit dem gleichen Inventar beworben werden, was zuvor angeschaut wurde.

Die folgenden Events können über Schlüsselseiten auf Webseite und App installiert werden.

- **Search:** Dieses Event kann zu allen Suchresultaten der Webseite und der App hinzugefügt werden.
- **View-Content:** Dieses Event kann zu allen Hotel- oder Flugbuchungen zugefügt werden.

- **Initiate-Checkout:** Dieses Ereignis kann zur Anfangsseite des Checkout auf der Webseite oder der App hinzugefügt werden. Es ist nicht empfohlen für die Seite, auf der sich die Zahlungsinformationen befinden.
- **Purchase-Event:** Nach dem Kauf kann durch dieses Ereignis eine automatische Dankes-Mail oder sonstige bestätigende Daten angestoßen werden.
- Weil viele Menschen heutzutage eine beträchtliche Menge an Zeit an ihrem Mobiltelefon verbringen, wird über App-Events ein Großteil des Datenverkehrs für reiserelevante Facebook-Anzeigen fließen.
- Sofern App-Events noch nicht installiert sein sollte, wird einem eine große Portion der Möglichkeiten zum Nachverfolgen (re-targeting) vorenthalten bleiben.

Per "Dynamic-Ads for Travel" kann man Informationen von Pixel oder App-Events nutzen, um eine Zielgruppe mit dem Reiseangebot zu erreichen, das ihre bisherige Buchungshistorie reflektiert.

Schritt für Schritt Anleitung zur Deutung von Messwerten

Es gilt, eine Kampagne, Anzeigengruppe oder Werbeanzeige, auszuwählen, für die der jeweilige Bericht erstellt werden soll. Klickt man sich auf dem folgenden Pfad durch, „**Filter**" > „**Ziel**" > „**Reichweite**", kann man alle Reichweitenkampagnen auswählen. Alternativ kann auch auf eine bestimmte Kampagne geklickt werden, um Infos zur Anzeigengruppe oder Werbeanzeige anzusehen.

1. „Werbeanzeigen-Manager" aufrufen und einen Datumsbereich wählen, für den der Bericht erstellt werden soll.

2. Oben rechts den Button „**Spalten**" auswählen und im Dropdown-Menü „**Auslieferung**" klicken.

    - In der Spalte „**Reichweite**" sieht man dann, wie viele Personen die Werbeanzeige mindestens einmal gesehen haben. Steht dort 12.345 bedeutet das, dass 12.345 Personen die Werbung sehen konnten.

    - In der Spalte „**Frequenz**" sieht man, wie oft jemand die Anzeigen im Durchschnitt gesehen hat. Zum Beispiel würde der Wert 1,79 bedeuten, dass im Durchschnitt 1,79 Mal die Werbung pro Person gesehen wurde.

    - Teilt man die gesamten Kosten durch die Reichweite und multipliziert mit 1.000 sieht man in der Spalte „**Kosten pro 1.000 erreichter Personen**" einen Wert, wie zum Beispiel 3,53 EUR. Das heißt dann, dass man 3,53 EUR je tausend erreichter Personen zahlen musste.

Ergebnisse deuten

Reichweitekennzahlen versetzen einen in die Position, dass man ermitteln kann, wie viele Personen in der jeweiligen Zielgruppe die Werbeanzeigen gesehen haben.

Dagegen sollte man dann die zuvor gesteckten Ziele messen:

- Wie viel Prozent der Zielgruppe sollten erreicht werden?

- Hatte man eine kleine Zielgruppe, von der jedoch jeder die Werbeanzeige sehen sollte? Sollte ein bestimmter Anteil einer großen Zielgruppe erreicht werden?

- Wie viel Prozent wurden erreicht?

Frequenzkennzahlen kann man verwenden, um zu prüfen, ob Personen die Werbeanzeige, je nachdem was für Ziele bestehen, oft genug gesehen haben, damit die Werbebotschaft entsprechende Auswirkungen hat. Wie oft sollten Personen eigentlich die Werbeanzeige sehen?

Ist die Marke oder das Produkt bereits bekannt oder handelte es sich um den ersten Kontakt?

- Wenn die Marke beziehungsweise das Produkt der Zielgruppe bereits bekannt ist, ist es unter Umständen nicht notwendig, dass die Werbeanzeigen sehr oft gesehen werden müssen, bis sie eine Wirkung erzielen können.
- Ist aber die Marke beziehungsweise das Produkt dem Zielpublikum noch nicht bekannt, ist es wahrscheinlich nötig, dass die Werbeanzeigen öfter wahrgenommen werden müssen, um eine bestimmte Wirkung zu erzielen.

Den prozentualen Anteil des erreichten Zielpublikums berechnen

Sobald man weiß, wie viele Personen man erreicht hat, kann man diese Zahl, in Kombination mit der potenziellen Zielgruppe, nutzen. Daraus errechnet sich der prozentuale Anteil der Personen in der Zielgruppe. Das bedeutet praktisch, wenn zum Beispiel eine Kampagne mit 12.345 erreichten Personen durchgeführt wurde, und die potenzielle Zielgruppe jedoch aus 108.000 Personen bestand, dass die Anzahl erreichter Personen (12.345), geteilt durch die potenzielle Zielgruppengröße (108.000) exakt 0,114 beziehungsweise 11,4 % ergibt.

Wenn man nun die potenzielle Zielgruppe ermitteln möchte, aktiviert man das Feld der

Anzeigengruppen oder Werbeanzeigen, für die man die Ergebnisse anzeigen möchte.

Die potenzielle Reichweite kann man unter „**Zielgruppendefinition**“ finden.

Es gilt, Folgendes zu beachten: Die Größe der Zielgruppe kann sich natürlich ändern.

Welchen Anteil der Zielgruppe die Kampagne erreicht hat, erkennt man am besten,

indem man im Voraus plant, wie groß die Zielgruppe ist.

Mit Facebook kann man Werbeanzeigen erstellen, die ebenso in dem sozialen Netzwerk Instagram geteilt werden. Dort werden Anzeigen in Instagram-Stories geschaltet. Man kann auf diese Weise entweder ein Foto oder ein Video hochladen, welches dann zwischen Meldungen von Personen angezeigt werden wird. Damit man Werbeanzeigen in Instagram-Stories schalten kann, sollte der Power-Editor oder wahlweise der Werbeanzeigenmanager, verwendet werden.

Es können übrigens nur Videos und vertikale Bilder in den Maßen 9:16 als Werbeanzeigen angewendet werden.

Vernetzung mit Instagram

Praxisanleitung: Instagram-Meldungen im Werbeanzeigenmanager:

1. Werbeanzeigenmanager öffnen
2. Auf „**Werbeanzeige erstellen**" klicken
3. Das Ziel „**Reichweite**", „**Videoaufrufe**", „**Conversions**", „**App-Installationen**" oder „**Traffic**" auswählen
4. Auf „**Platzierungen**" unter dem Bereich Anzeigengruppe klicken
5. „**Platzierungen bearbeiten**" anklicken und danach die Platzierung in „**Instagram**" wählen
6. Dann auf „**Meldungen**" klicken
7. Die verbleibenden Schritte abschließen, um die Werbekampagne soweit aufzubauen
8. Wenn man bereit ist, klickt man auf „Änderungen prüfen", um die Änderungen schließlich zu veröffentlichen

Damit es nicht zu einem falschen Verständnis kommt, sei noch einmal hervorgehoben, dass Werbeanzeigen unter „Meldungen" in Instagram gepostet werden können.

Anleitung Instagram-Meldungen im Power-Editor:

1. Den Power-Editor aufrufen
2. Ziel „**Reichweite**", „**Videoaufrufe**", „**Conversions**", „**App-Installationen**" oder „**Traffic**" auswählen

3. Auf „**Platzierungen**“ im Bereich Anzeigengruppe klicken
4. „**Platzierungen bearbeiten**“ auswählen und dann die Platzierung in „**Instagram**“ anklicken
5. Auf „**Meldungen**“ klicken
6. Nun gilt es, die verbleibenden Schritte abzuschließen, um die Werbekampagne abschließend aufzubauen
7. Wenn man bereit ist, klickt man auf „Änderungen prüfen“, um die Änderungen letztendlich zu veröffentlichen

Werbeanzeigen, die man in Instagram-Stories platziert, nutzen die gleichen Targeting-Funktionen wie Werbeanzeigen, die ganz natürlich im Feed in Facebook, sowie auch in Instagram angezeigt werden.

Man kann die Aufmerksamkeit von Zielgruppen gewinnen, welche Werbeanzeigen in ihren Meldungen gesehen haben, und sich über den jeweiligen Feed in Facebook oder Instagram an die selbigen richten. Ebenso kann man in den Meldungen auch Werbeanzeigen schalten, welche an Zielgruppen gerichtet sind, die die Werbeanzeige im Feed, in Facebook oder Instagram gesehen haben.

Schlusswort

Abschließend einige Worte, die sich nicht zwangsläufig um das Medium „Facebook“ drehen, sondern darum, was transportiert werden soll. Das, was erreicht werden soll.

Anders ausgedrückt, nachdem die verschiedenen Methoden und Techniken nun bekannt sind, ist es wichtig, das Endziel nicht aus den Augen zu verlieren. Die richtigen Ziele sind gesetzt, die richtige Zielgruppe gefunden, Bild- oder Videomaterial ist ausgewählt. Die Copy, also der Werbetext, ist ausgefeilt.

Werden die Betrachter von all dem überzeugt sein? Niemand möchte etwas verkauft bekommen. So, wie normalerweise niemand gerne belehrt wird, sondern es bevorzugt, selbst auf die Idee zu kommen, was zu tun ist, verhält es sich auch beim Verkaufen.

Kunden möchten sich nicht wie Umworbene fühlen, sondern das Gefühl haben, dass sie von selbst auf die Idee des Kaufs gekommen sind.

Für die Werbeanzeige heißt das, dass der Empfänger sich eher so fühlen sollte, dass er einen Gefallen, beziehungsweise einen Vorteil für sich erhält, indem der sich dafür entscheidet, der Werbeaufforderung zu folgen. Jeder mag es, zu kaufen. Keiner mag es, etwas verkauft zu bekommen.

Gute Werbung basiert auf Psychologie

Diese Grundlagen der Psychologie sind wichtig, während man Facebook-Pixel erstellt, Bilder ausprobiert und Zahlen analysiert. Gute Werbung basiert auf Psychologie.

Okay, zurück zu Facebook. Zumindest teilweise. Angenommen, die Basics sind verstanden und umgesetzt. Analyse der Zahlen und Metriken sind notwendig, wenn man professionell, das heißt effizient, werben möchte.

Messen kann man jedoch nur gegen Ziele, welche zu Beginn der Kampagne gesetzt wurden.

Alles soweit selbstverständlich und offensichtlich, nicht erwähnenswert. Da es aber so essenziell und oftmals eher "aus dem Bauch heraus" geschieht, noch mal ein spezieller Blick darauf.

Vom Standpunkt eines Werbenden heraus, ist es absolut essenziell, Ziele zu setzen.

Messbar, nicht globalgalaktisch. Andernfalls kann man schlecht den Erfolg von Anzeigen und Kampagnen messen und steuern.

Auch das ist Marketing 1x1 und kann als Grundwissen betrachtet werden. Nun, wie kommt man jedoch im konkreten Falle von Facebook-Kampagnen zum Erfolg? In diesem Falle versuchen wir einmal das Pferd von hinten aufzuzäumen, um uns an das Ergebnis heranzutasten.

Möchte man die Umsätze zum Jahresende erhöhen, würde man im Normalfall eine Abverkaufszahl definieren. Daran ist nichts auszusetzen - auf den ersten Blick.

Wenn man nun jedoch noch nie eine entsprechende Umsatzzahl generiert hat, beziehungsweise weit davon entfernt ist, kann das demoralisierend wirken. Noch schlimmer stellt sich der Fall dar, wenn man dieses große Endziel in der Zwischenzeit messen möchte. Ob man auf dem rechten Pfad ist oder nicht, erfährt man dabei oftmals erst zu spät, wenn man nicht mehr gravierend eingreifen kann.

Es bietet sich an, solch große Ziele in kleinere, messbare Ziele herunterzubrechen, damit man schneller erkennt, ob man in Richtung des

Zieles strebt.

Anstatt also ein Ziel von 120.000 Euro Absatz zum Jahresende zu definieren, setzt man ein monatliches Ziel von 10.000 Euro, welches sogar auf 333 Euro pro Tag heruntergebrochen werden kann.

Somit erhält man ein Tagesziel, was es einem ermöglicht, um ein Vielfaches einfacher Kampagnen auf einer tagesbasierten Ebene zu evaluieren, und somit mögliche Löcher in der Strategie schneller ausfindig zu machen.

Videos drehen üben! Videos drehen üben!! Videos drehen üben!!!

Videos machen lediglich einen geringen Bruchteil aller Inhalte in Facebook aus. Jedoch generieren sie sehr viel Interaktion. Video-Posts dominieren die Social-Media-Welt. Facebook etabliert sich als YouTubes größter Rivale in Sachen Video-Uploads. Wenn man noch nicht damit begonnen hat, Videos zur Vermarktung zu nutzen, sollte man darüber nachdenken - oder besser: Gleich damit starten.

Keine falsche Scheu. Man braucht dafür keine professionelle Ausrüstung oder hochtrabende Software, Unmengen an Erfahrung oder Wissen. Alles, was man braucht, ist ein Telefon mit angemessener Videofunktion, gute Lichtverhältnisse und vielleicht ein paar kleine Zusatzartikel.

Die Untertitel sind das, was ein gutes Video, abseits von zielgerichtetem, ansprechenden Inhalt und guter technischer Qualität auszeichnet. 90 % aller Videobetrachter auf Facebook konsumieren Videos ohne Sound. Das bedeutet im Umkehrschluss, dass eine Menge der Betrachter, eben eher die Augen als die Ohren engagieren wird.

Erfahrungen zeigen übrigens, dass Live-Videos am ehesten, nach der üblichen Feierabendzeit, per Ton angeschaut werden. Nicht verwunderlich.

Die Untertitel kann man selbst per Hilfssoftware recht simpel hinzufügen oder aber auf die Dienste eines Experten zurückgreifen, den man auf Plattformen wie “Fiverr” extrem günstig finden kann.

Man stellt den Text mit entsprechenden Anweisungen zur Verfügung und bekommt eine akkurate SRT-Datei (Untertitel-Format) retour, die man auf Facebook per wenigen Klicks hochladen kann.

Live-Video

Nun, da die Videofunktion bereits als der kommende Facebook-Star angepriesen wurde, sei insbesondere die Live-Videofunktion hervorgehoben. Natürlich sollte man erst mal Videos im Generellen produzieren können, bevor man sich an Live-Videos heranwagt.

Wenn man das jedoch einmal gemeistert hat, ergibt sich eine Unmenge an Vorteilen, wenn man dieses Wissen, praktisch durch das Erstellen von Live-Videomaterial ummünzen kann.

Der wichtigste Punkt ist die erhöhte Reichweite. Der Facebook-Algorithmus gewährt Live-Videos wie bereits erwähnt, einen Sonderbonus, der es in eine Vielzahl von News-Feeds befördert, was einfach eine Menge Rückenwind für möglichen Erfolg bedeutet.

Eine alltägliche, persönliche Ansprache ist oftmals ein natürlicher Weg zum Erfolg, wenn man Inhalte bespricht, auf die man sich versteht.

Noch ein offensichtlicher Tipp, der aber nicht zu wenig Aufmerksamkeit bekommen sollte.

Ein absolutes “No Go” sind verschwommene Fotos, verpixelte Fotos - und das Gleiche gilt auch für verwackelte Videos, bei denen man beim Zuschauen das Gefühl von Seekrankheit verspürt.

Klar, Worte sind Gold wert, aber die visuelle Darbringung ist in diesem Falle Platin wert, da sie die Aufmerksamkeit des Betrachters auf sich zieht und den ersten Eindruck schafft.

Wenn man etwas verkaufen möchte, sollte man nicht auf die üblichen Standardfotos von der Stange (Stockfotos) zurückgreifen, sondern lieber Benutzer dabei zeigen, wie sie ein Produkt anwenden.

Die kleine Schwester Instagram ist da vielleicht schon einen Schritt voraus, was das Vermarkten durch Meinungsmacher angeht. Die Werbung erfolgt eher subtil, ohne, dass man dies an Hochglanzbildern merkt, sondern, indem man in einem Zeitalter, wo oftmals Werbeblindheit gegenüber jeglicher Art von Bannern herrscht, man bei vertrauten Personen Gegenstände sieht, die Begehrlichkeiten und Wünsche wecken.

All dies gilt auch für Videos. Wenn man jemanden mit seinem Hund spielen sieht und dabei etwas Auffälliges passiert, und der Hund am Ende mit einem Leckerchen belohnt wird, schafft das eine positive Gefühlswelt, die geistig mit dem Leckerchen - oder einem anderen Produkt - verknüpft wird.

Erfolgreicher Startpunkt: bereits erfolgreichen Inhalt recyclen

Jede Marke hat ein paar Erfolgsfälle in der Vergangenheit gehabt. Von diesen Erfolgsfällen einen rauspicken und in ein kurzes Video umwandeln, kann eine geniale Art sein, mit der Videowerbung auf Facebook zu beginnen.

Erster Ansatzpunkt kann sein, einige wenige Kernpunkte herauszufiltern, die man mit wenigen Worten ausdrückt, um die gleiche Nachricht per passender visueller Darbringung vermittelt.

Ein Call-To-Action sollte unbedingt zum Inhalt des Videos passen.

Der Call-To-Action dieses E-Books lautet: “Jetzt eine Werbekampagne starten!”

Glossar

Audience - Zielgruppe

Audience-Insights - Zielgruppen-Insights (siehe oben).

Audience-Network - Mit dem Audience-Network kann man Werbekampagnen auch außerhalb von Facebook schalten und dabei Zielgruppen auf Webseiten und Apps Geräte übergreifend erreichen, zum Beispiel auf Computern, Mobilgeräten und connected TVs. Es wird dieselbe Zielgruppenauswahl wie auf Facebook verwendet.

Ad - Werbung oder Synonym auch Werbeanzeige

Ads-Createtool - Auf Deutsch "Werbeanzeigenmanager"

Badge - Ein Symbol, das signalisiert, dass man auf Kommentare besonders schnell reagiert. Es sieht aus wie eine fliegende Sprechblase.

Boost - Einen Beitrag zu boosten, bedeutet, ihn im News-Feed für eine gewisse Zeitspanne nach oben zu pushen.

Cost per Lead – Wie viel kostet es, eine Adresse zu generieren. Dies wird berechnet, indem man die Kosten durch die Anzahl der Leads teilt.

Facebook-Ads-Guide - Es handelt sich dabei um den Facebook-Leitfaden für Werbeanzeigen.

Facebook-Insights - Ein Werkzeug zum besseren Verständnis der Facebook-Fans, welches Einblicke in Gewohnheiten, Likes, Shares und vieles mehr eröffnet.

Feed / News-Feed - Hiermit ist die Übersicht gemeint, in der alle News und unterschiedlichen Beiträge zusammenlaufen.

Impressionen - Hiermit ist gemeint die Gesamtzahl davon, wie oft die Anzeige aufgerufen wurde. Das ist nicht gleichzusetzen mit der Reichweite, welche die einzelnen Personen, die die Anzeige gesehen haben, beziffert.

Kosten pro 1.000 Impressionen (CPM) - Die durchschnittlichen Kosten dafür, die Anzeige tausendmal zu präsentieren. Das kann man sich als Facebooks Preisschild vorstellen.

Frequenz - Die durchschnittliche Anzahl davon, wie oft eine einzelne Person eine Anzeige gesehen hat.

Klickrate oder Click-through Rate (CTR), a.k.a. Website CTR - Der prozentuale Anteil der Personen, die die Anzeige gesehen haben und Selbige angeklickt haben, um somit zum weiterführenden Ziel zu gelangen.

Berechnet durch die Anzahl der Link-Klicks, geteilt durch die Impressionen.

Link-Klicks - Die Anzahl von Personen, die die Anzeige geklickt haben und zur weiterführenden Seite gelangt sind. Dies ist eine gute Metrik, um die Anzahl der Personen zu schätzen, die eine weiterführende Webseite besucht haben.

CPC (Link) - Die durchschnittlichen Kosten für jeden Klick von der Anzeige, hinüber zur Webseite. Berechnet, indem man die Gesamtausgaben teilt, durch die Anzahl der Link-Klicks.

Leads - potenzielle Neukunden

Landingpage - Eine Landingpage ist eine speziell auf den Besucher, beziehungsweise auf eine Kampagne zugeschnittene, Internetseite.

Initiate-Checkout - App Event-Ereignis: Dieses Ereignis kann zur Anfangsseite des Checkout auf der Webseite oder der App hinzugefügt werden. Es ist nicht empfohlen, für die Seite, auf der sich die Zahlungsinformationen befinden.

Purchase-Event - App Event-Ereignis: Nach dem Kauf kann durch dieses Ereignis eine automatische Dankes-Mail oder sonstige bestätigende Daten angestoßen werden.

Pixel - Kann zweierlei Bedeutungen haben: Einerseits der klassische Begriff für einen Bildpunkt auf der Computer-Bildschirmanzeige oder eines Bildes, andererseits eine Abkürzung für Facebook-Pixel. Facebook-Pixel ist ein Programmiercode, der zur Auswertung von Anwenderverhalten eingesetzt wird.

Power-Editor-Tool - Mit dem Power-Editor kann man viele Werbeanzeigen gleichzeitig erstellen und diese entsprechend steuern. Mit dem Power-Editor kann man mehrere Werbeanzeigen bearbeiten, duplizieren und verwalten.

Metadaten - Wer ein Foto ins Internet hochlädt, speichert meist unbemerkt diverse bildbezogene Daten mit. Diese so genannten Metadaten beinhalten mitunter die Einstellungen und den GPS-Standort der Aufnahme sowie den Namen des Urhebers. Facebook ist in Deutschland per Gerichtsurteil dazu angehalten, diese Daten nicht zu löschen.

SDK - Ein Software-Development-Kit (SDK) ist ein Werkzeugsatz für Softwareentwickler, das einen einfachen Einstieg in ein spezielles Betriebssystem oder eine Programmiersprache bietet.

Targeting/re-targeting – Nachfassen / Nachverfolgen von Kunden (meist per automatisiertem Ereignis), im Anschluss an eine bestimmte Aktion. Einfach ausgedrückt: Schaut man auf Amazon ein Produkt an, bekommt man per re-targeting das Gleiche oder ähnliche Produkte auf verschiedensten Seiten angeboten.

Sign-Ups - Damit sind Anmeldungen für zum Beispiel einen Newsletter, ein Event oder einen Feed gemeint.

View-Content - App Event-Ereignis - Dieses Event kann zu allen Hotel- oder Flugbuchungen zugefügt werden.

Voice-Over - Der Begriff Voice-Over kommt aus dem Medienbereich und bezeichnet die Tonaufnahme einer Stimme, die sozusagen "über" Bild- oder Videomaterial, beziehungsweise eine andere Tonaufnahme "gelegt" wird.

22370595R00049

Printed in Poland
by Amazon Fulfillment
Poland Sp. z o.o., Wrocław